Ricardo Zandrino

Ama
tu alma

EDICIONES
KAIROS

© 2016 Ediciones Kairós
Caseros 1275 - B1602ALW Florida
Buenos Aires, Argentina
www.kairos.org.ar

Ediciones Kairós es un departamento de la Fundación Kairós, una organización no gubernamental sin fines de lucro dedicada a promover el discipulado y la misión integral desde una perspectiva evangélica y ecuménica con un enfoque contextual e interdisciplinario.

Diseño de portada: Paola Torno de Zandrino
Diagramación: Adriana Vázquez

Las versiones bíblicas más utilizadas en este libro son las que más frecuentemente usan el término "alma". Se ha recurrido en la mayoría de las citas a la versión de Reina y Valera 1960. También se utilizaron versiones modernas de la Biblia, lo cual se señala al final de cada cita.

Ninguna parte de esta publicación puede ser reproducida, almacenada o transmitida de manera alguna ni por ningún medio, sea electrónico, químico, mecánico, óptico, de grabación o de fotografía, sin permiso de los editores.

Queda hecho el depósito de la ley 11.723

Todos los derechos reservados
All rights reserved

Impreso en Argentina
Printed in Argentina

Zandrino, Ricardo Alberto
Ama tu alma / Ricardo Alberto Zandrino; dirigido por C. René Padilla.
1a ed . - Florida: Kairós, 2016.
250 pp.; 20 x 14 cm.
ISBN 978-987-1355-70-9

1. Espiritualidad Cristiana. I. Padilla, C. René , dir. II. Título.
CDD 248.4

A mis padres
Miguel Ángel Zandrino y Daisy Doorn de Zandrino.
Ellos me amaron y me mostraron el camino
para amar a Dios, a mi alma y a la vida.

AGRADECIMIENTOS

Agradezco a mi esposa Mónica por su apoyo y acompañamiento en el proceso de escribir este libro y por compartir, en animadas conversaciones, las experiencias que les fueron sucediendo a nuestras almas.

Una especial gratitud a Andrea Alves de Lerch y a Nelly Pérez de Rivera por la corrección de los manuscritos y apropiadas sugerencias.

A mi nuera Paola Torno, por el bello diseño de la tapa y por interpretar con sentido técnico y estético las ideas que compartimos sobre el contenido del texto.

Agradezco a Dios y a mi alma por haberme animado y guiado en la aventura de escribir este libro.

Índice

Prólogo	7
Introducción	9
I. ¿Qué es el alma?	15
1. La persona y el alma	17
II. El alma y Dios	39
2. Parábola del alma triste	41
3. La habitación nupcial	61
4. Un cántico del alma: Salmo 131	81
5. La noche oscura del alma	97
III. El alma y la espiritualidad	113
6. El alma y el espíritu se unen y complementan en Dios	115
7. El peregrinaje al alma	143
8. Sexualidad, espíritu y alma	161
IV. El alma y la vida	177
9. El alma y la aventura de la vida	179
10. El alma, fiel compañera en tiempos de sufrimiento	201
11. El trabajo, la creatividad y el alma	223

Prólogo

Ama tu alma es un libro que nos ayuda a recuperar la dimensión verdadera del alma. Nuestra concepción del alma es generalmente muy restringida: la limitamos a un concepto racional y al campo de las emociones. El Dr. Ricardo Zandrino nos lleva a conocerla con más profundidad.

El alma es el tema central del libro. De hecho, se constituye en un aporte significativo para el lector, pues en nuestro mundo el lenguaje del placer, el dinero y el poder es tan fuerte que no logramos escuchar a nuestra alma.

El autor nos introduce poco a poco en lo que significa conocer el alma amplia y profundamente. Desde el primer capítulo muestra la relación que hay entre Dios, nuestro ser y nuestra alma, y la importancia de lograr que esa relación sea realmente amorosa. Muestra, además, otras relaciones que el alma tiene con nuestro ser en áreas tales como la sexualidad, el sufrimiento y la creatividad de la vida. En otras palabras, nos invita a integrar con el alma todo nuestro ser, incluyendo nuestra relación con Dios, con nosotros mismos, con nuestro prójimo y con nuestro entorno.

Además del aporte que el autor hace por el solo hecho de plantearnos el tema, otro aporte valioso consiste en su acercamiento al mismo. Tanto su formación y experiencia profesional como su formación teológica y su experiencia pastoral son aportes valiosísimos para el lector. A lo largo de todo el libro mantiene el equilibrio entre el aporte teórico profesional, el aporte bíblico-teológico y el aporte pastoral. A todo esto se suma otro importante aporte: el pedagógico, que se expresa en términos de ejemplos, experiencias y relatos que facilitan la comprensión del texto.

La conjunción del tema y el enfoque del mismo ayuda al lector a trascender la mera información. Le lleva a revisar sus conceptos y/o preconceptos, le invita a anhelar conocer más su alma; en fin, le desafía a cultivar una relación más profunda con Dios, con el prójimo, con su contexto de vida y consigo mismo. Esta fue mi experiencia personal al leer este libro.

Lourdes Cordero Flores
Coordinadora de Editorial Lámpara, La Paz, Bolivia

Introducción

Existe una cultura que niega el alma; sin embargo, podemos rescatar su significado profundo

El alma tiene un inmenso valor a pesar de que en la actualidad, al menos en el mundo occidental, no se le da gran importancia. El psiquiatra suizo Carl Gustav Jung, discípulo dilecto de Sigmund Freud y estudioso del alma humana, solía decir y escribir frecuentemente la frase: "el gran peligro de nuestro tiempo es la pérdida del alma". Estas proféticas palabras tristemente se están cumpliendo.

Nuestro mundo materialista y secularizado ha dejado de creer en la existencia y en el valor del alma humana y, si llega a creer, habla de ella con liviandad. Sin embargo, puede haber un despertar en la búsqueda del alma, pues aunque la niegue, el ser humano está sediento y añora encontrarse con ella.

En la edad media, la iglesia cristiana cuidaba del alma de sus miembros. Había sacerdotes que se dedicaban a lo que se denominaba *Cura animarum*, es decir, el cuidado del alma. En este contexto la palabra "cura de almas" no proviene de la palabra "curar" en el sentido de "sanar" (aunque este aspecto esté incluido), sino de la tarea que realizan los curadores; por ejemplo, los curadores de museos, o el caso de personas responsables de discapacitados a los cuales representan para hacer valer sus derechos cívicos en la sociedad. Debido a que el alma se goza y fortalece en el pasado y en la repetición de los rituales, los curadores del alma son los promotores del desarrollo, el bienestar y el crecimiento del alma. La palabra "cura" (que aún persiste en nuestra sociedad indicando la tarea sacerdotal en algunas iglesias) es de origen latino y tiene varios significados expresados en tareas tales como atención, dedicación, prudencia, sanación y ocupación en temas vinculados a Dios y la espiritualidad.

Ante la carencia de personas que cuiden del alma de otros, podemos comenzar por cuidar de nuestra propia alma, pastorearla y protegerla en medio de un mundo que descree de los valores espirituales. Desarrollar la salud de nuestra alma es una bella e indispensable tarea para vivir integralmente nuestra vida, con la riqueza interior que alcanzaremos si nuestra alma está fortalecida y es amada. Si comenzamos a cuidar de nuestra alma, pronto gozaremos de ese enorme privilegio y también podremos realizar una tarea que ya no se lleva a cabo: cuidar del alma de otros e iniciando a personas en el cuidado de sus propias almas.

Para cuidar de nuestra alma debemos observarla y estar atentos a sus hábitos y sus costumbres, pero es necesario estar predispuestos y ocupados en aprender de ella: a esto se le llama "observancia". Esta palabra es tomada de la liturgia religiosa y significa tener en cuenta las novedades espirituales personales y honrar las fechas religiosas y la vida en comunidad de la iglesia, permitiendo que la espiritualidad florezca. La observancia del alma significa atención a los secretos de nuestro ser más íntimo y recurrir a ella para saber quiénes somos y cuál es nuestra misión en la vida.

Cuidar de nuestra alma es una tarea necesaria y gozosa. También las recompensas son inconmensurables, pues ella es luz y guía en los caminos de la vida.

Hay una misión a realizar con el alma para que la vida tenga sentido

En el mundo externo podemos alcanzar riquezas, ser famosos y ganar premios. Sin embargo, es más importante atender a nuestra alma y estar en amable relación con ella y con nuestro ser interior. Podemos estar atentos a lo que sucede en el mundo exterior y en lo que hacemos en nuestro trabajo y, sin embargo, estar tristes, deprimidos y sintiendo un terrible vacío existencial que afecta toda nuestra persona. Es que necesitamos estar en comunicación con nuestra alma. Dice Anselm Grün:

> El alma significa el espacio interior. En el alma suenan las voces silenciosas que nos dicen qué es lo que nos conviene. En el alma nos hallamos en contacto con Dios y con lo que somos genuinamente nosotros mismos. Por tanto, atenderla significa que no debemos limitarnos a tomar decisiones y emprender acciones, sino que debemos permanecer en contacto con nosotros mismos. Para eso hace falta recogimiento, a fin de poder escuchar las voces que nos hablan en nuestro interior.[1]

El que atiende a su alma se dará alas a sí mismo, y también se las dará a quienes están a su alrededor compartiendo la vida.

Una pregunta importante (cuento jasídico)

El alma nos asiste para responder a una vital pregunta de la vida que veremos reflejada en este cuento jasídico:

---

[1] Anselm Grün, *Orientar personas, despertar vidas*, Guadalupe, Buenos Aires, 2012, p. 58.

En cierta ocasión rabí Zusia se mostró a sus discípulos con los ojos enrojecidos de tanto llorar y el rostro pálido y angustiado.

−¿Qué le pasa rabí? ¡Parece conmovido!− dijeron a Zusia.

El rabí respondió:

−Es que tuve una visión. Y en ella me enteré de la pregunta que los ángeles me harán cuando me pidan cuenta de mi vida.

Los discípulos se miraron entre sí, desconcertados. Al fin, uno dijo:

−Rabí, usted es un hombre piadoso. Usted es un hombre estudioso y humilde. ¿Qué pregunta puede hacerle nadie acerca de su vida que pueda preocuparle tanto?

Rabí Zusia elevó los ojos al cielo.

−Me he enterado de que los ángeles no me preguntarán: "¿Por qué no fuiste un Moisés, arrancando a tu pueblo de la esclavitud?"

Ellos insistieron:

−¿Qué le preguntarán entonces?

Rabí Zusia suspiró.

−Y me he enterado de que los ángeles no me preguntarán: "¿Por qué no fuiste un Josuá, conduciendo a tu pueblo a la Tierra Prometida?"

Uno de los seguidores de rabí Zusia, apenado, se le acercó, y posando sus manos sobre los hombros del rabí, lo miró fijamente a los ojos y le preguntó:

−¿Qué le preguntarán los ángeles, entonces?

−Me dirán: "Zusia, hay una sola cosa en el mundo que ningún poder del cielo o la tierra tendría que haberte impedido ser". Me dirán: "Zusia, ¿por qué no fuiste Zusia?".[2]

---

[2] Baal Shem Tov, *Los mejores cuentos jasídicos*, Lonseller, 2004, pp. 81-83.

I

¿Qué es el alma?

1
La persona y el alma

Amado, yo deseo que tú seas prosperado en todas las cosas, y que tengas salud, así como prospera tu alma.
3 Juan 1:2

Bueno es el Señor a los que en él esperan, al alma que le busca. Lamentaciones 3:25 (RVR)

¿Qué es el alma y cómo se la considera en el relato bíblico?

El término "alma" proviene de la palabra hebrea *nefesh*; éste es un término utilizado frecuentemente en el Antiguo Testamento, pero también en el resto de la Biblia (aunque en el Nuevo Testamento con el nombre griego *psyjé*). La palabra *nefesh* puede traducirse en términos tales como alma, vida, persona, ser o corazón. En términos más precisos "alma" se refiere específicamente a la esencia de la vida y a la respiración. De este nombre se fueron desprendiendo una variedad de significados más abstractos.

Quizás el sentido original de *nefesh* haya sido "garganta", es decir, el canal de la respiración, o también "cuello". Tomemos un ejemplo: "Sálvame, oh Dios, porque las aguas han entrado hasta el alma" (Sal 69:1). En este pasaje y los subsiguientes, vemos al salmista David en una situación en la que está, figurativamente, "con las aguas al cuello" y siendo llevado por aguas profundas y en peligro de ahogarse. La relación entre el aparato respiratorio y el alma está aquí representada por la situación de intensa angustia que está experimentando. Precisamente la palabra angustia proviene del término "angosto", relacionado con la estrechez en las vías respiratorias y la falta de aire que ingresa a los pulmones (también relacionado con la experiencia del parto). De esta acepción provienen otros significados, como "soplo de vida" y "espíritu".

Nefesh también se usa como la acción de amarse a uno mismo. "Amar como a su *nefesh*": "... el alma de Jonatán quedó ligada con la de David, y lo amó Jonatán como a sí mismo" (1 S. 18:1). Pero puede significar lo contrario: la muerte (Lv. 21:1).

Encontramos otro significado de la *nefesh* en que es la sede de los sentimientos: del amor (Gn 34:3), del odio (Sal. 11:5), de la tristeza (Sal. 42:6) y de la alegría (Sal. 86:4); también siente necesidades básicas del hambre (Sal. 107:9) y de la sed (Pr. 25:25).

Otra dimensión distinta del alma la encontramos en que la *nefesh* se complace en la presencia de Dios, entonces lo busca y suspira por Él: "Bendice, alma mía, a Jehová, y bendiga todo mi ser su santo nombre" (Sal. 103:1). Este es un aspecto que desarrollaremos en este libro: el alma ama a Dios y lo desea entrañablemente.

En el Nuevo Testamento encontramos algunas diferencias con respecto a la palabra "alma" del Antiguo Testamento. Aquí es la traducción del griego *psujé* que a su vez deriva del verbo *psyjo* (soplar), y aparece unas cien veces. En el contexto del Nuevo Testamento, el alma es la parte invisible del ser humano, a diferencia del cuerpo visible. Dice el apóstol Pablo: "Porque aunque estoy ausente en cuerpo, no obstante en espíritu estoy con vosotros." (Col 2:5). La *psujé*, o el alma del hombre, es el centro de la persona, lo más íntimo de su ser.

El apóstol Pablo en 1 Tesalonicenses 5:23 expresa que hay tres componentes constitutivos del hombre: cuerpo, alma y espíritu se refieren a una distinción de dos componentes de su estructura integral: el biológico y el de la vida espiritual. La salvación que Dios da al hombre abarca la totalidad de la persona, es decir, no solamente el alma sino el alma juntamente con el cuerpo. El ser humano resucitará en cuerpo y alma; la muerte no prevalecerá sobre él: "Porque así como en Adán todos mueren, también en Cristo todos serán vivificados" (1 Co 15:22).

Tanto la vida del hombre como el alma, el carácter y su psicología tenían rasgos divinos que el pecado original destruyó. Sin embargo, se preservaron el alma y sus cualidades. El ser humano tiene autoridad en la creación y ocupa un lugar especial en ella, pero esto es debido a la bondad incondicional de Dios, que lo amó con ternura y tuvo de él misericordia.

El lenguaje del alma es el amor

> *La astucia conquista el mundo, mas la candidez conquista el alma. Por tanto pronunciad el voto de la pobreza del espíritu para que os volváis partícipes del alma... estuve cerca de mi alma y ella pudo hablarme, y pronto hube de ver que el desierto enverdecía.*
> Carl Gustav Jung (*Libro Rojo*)

El ser humano es un ser integral y el objetivo en la vida es precisamente alcanzar la integración de sí mismo en cuerpo, alma y espíritu. Fue creado por Dios de manera maravillosa y misteriosa para ser un ser diferente al resto de la creación, precisamente por contar, además de un cuerpo (que comparte rasgos comunes con animales y otros seres creados), con alma y espíritu.

En este capítulo trataremos de comprender la naturaleza profunda y misteriosa del alma. Entiendo que no es una tarea sencilla, pues el alma es parte de la persona integral. Por otra parte, tampoco podemos referirnos a ella sin incluir a Dios en la descripción de su realidad. Dios es a la vez su creador y el objeto de su amor y de su búsqueda incesante.

Otro inconveniente que surge es que al alma no la podemos explicar, y mucho menos si acometemos esta tarea pretendiendo hacerlo en términos lógicos y racionales. El lenguaje del alma es el de la metáfora, el de la poesía, de la música y del cuento.

Joan Chittister, mística cristiana y escritora, opina sobre esta inaccesibilidad a definir el alma de esta manera:

> Hablamos mucho del alma, pero en realidad no sabemos lo que es. Podemos describir la personalidad con cierto grado de confianza. Habitualmente medimos la inteligencia. Entendemos y exploramos los sentimientos con facilidad. Pero, ¿el "alma"? El alma pareciera escaparse de nuestras manos por completo. El alma es una de esas cosas que sólo reconocemos cuando la vemos. Pero posiblemente la vemos más veces de lo que creemos. Al menos tenemos visiones fugaces de ella en todos lados.[1]

Lo que esta autora sugiere es que cada persona se interese y aprenda a observar su alma. Es en esa actitud amorosa de observación en la que se podrá descubrir el alma, pero es la persona la que debe interesarse genuinamente en ella, y entonces cultivar

---

[1] Joan Chittister, *La esencia de la vida*, Lumen, Buenos Aires, 2012, pp. 155-156.

el acercamiento y el conocimiento de su naturaleza y de sus maneras de actuar y bendecir la vida.

Más adelante la misma autora dice:

> Vive todo lo que puedas; sería un error no hacerlo. No se trata de tener un trabajo o una casa bonita. La pregunta es: ¿has tenido una vida? ¿Te llena tu alma o sólo tienes un cuerpo? El alma es música, arte, diversión, amor, nuevas ideas y pausas. No viene empaquetada. Tienes que cultivarla. Y una vez que lo haces, no existe muerte que te la pueda quitar. Cuando en una situación ves algo que nadie más ha visto, cuando oyes un acorde en la música que nunca antes habías oído, cuando lees una línea y pasas todo el día pensando en ella... eso es alma. Es la forma de saber que aún estamos vivos. "No viviendo", sino Vivos. La vida es una receta preparada con múltiples ingredientes y condimentos que deben cocinarse a fuego lento. No se la puede hacer con prisa: no se la puede ignorar. Se la debe probar a menudo. Así es el alma.[2]

Al alma también la descubrimos y podemos entenderla mejor en su profundidad y en la verdadera dimensión por la vía de la fe. En cambio si la abordamos solamente desde la perspectiva de la razón, tendremos serias limitaciones para su conocimiento. Es correcto el criterio del Mahatma Gandhi cuando dice:

> Hay asuntos en los que la razón no puede llevarnos muy lejos; es por eso que las cosas deben ser aceptadas por la fe. La fe, entonces, no contradice a la razón sino que la trasciende. Es una especie de sexto sentido que opera en los casos fuera del alcance de la razón. La fe

---

[2] *Ibíd.*, p. 165.

es una función del corazón. Debe ser reforzada por la razón. La fe y la razón no son antagónicas, como algunos piensan. Cuanto más intensa es la fe, tanto más ella estimula la razón.[3]

Aunque la fe y la razón nacen de distintas fuentes, podemos integrarlas y permitir que interactúen positiva y creativamente entre ellas, al menos hasta cierto punto del camino que transitan juntas. Si la fe crece y avanza y me hace entrar en misterios que desconozco, eso provoca un estímulo a mi razón, que quiere comprender qué está sucediendo e interpretarlo desde su perspectiva. Quizás, para comprender mejor este proceso, sería pertinente utilizar lo que Leonardo Boff y otros autores definen como "inteligencia cordial". No podemos confiar sólo en la inteligencia intelectual, que es siempre necesaria, pero que, a la vez, no es suficiente y puede conducirnos a graves errores. La inteligencia cordial enriquece a la intelectual con el afecto, el amor y el cuidado; estos son condimentos que producen un profundo cambio en nuestra manera de razonar. Si no tenemos en cuenta este aspecto, perdemos una importante condición de nuestra humanidad.

El alma, fiel compañera en el viaje de la vida

Mi confianza al escribir este libro es que sea la misma alma la que me lleve por el camino que debo transitar en el desarrollo del tema. ¿Qué caminos debo tomar? ¿Cómo me debo expresar para que se comprenda que a ella debemos amarla? Al alma le interesa que cada persona comprenda que el vínculo con ella es clave para la realización plena de la persona; en ese proceso ella también se realiza y cumple su misión. Amar al alma significa

---

[3] Mahatma Gandhi, *Aquí y ahora*, Ed. del Peregrino, Rosario, 1982, p. 66.

amarnos a nosotros mismos en el buen sentido de la palabra "amor", pues si logramos amar a nuestra alma, ella manifestará su amor por nosotros y nos acompañará mientras vayamos recorriendo el camino de la vida, y no hay experiencia más grata que transitar la vida con su amable compañía. Nosotros envejeceremos, pero si hemos logrado ganar la amistad de nuestra alma, notaremos que a ella la experimentaremos siempre joven, y su juventud nos llenará de nuevas fuerzas, tengamos la edad que tengamos. Séneca, el gran filósofo, político y escritor hispanorromano, contemporáneo de Jesús, escribió sobre el alma en su libro *Elogio de la ancianidad*:

> Es muy distinto el mundo que corresponde a mis años, y sin duda, a mi cuerpo, pues la ancianidad es el mundo de la edad cansada, aunque no de la edad aplastada; cuéntame entre los decrépitos, entre los que tocan el fin. Yo, empero, me felicito de ello, pues no siento la molestia de la edad en el alma a pesar de sentirla en el cuerpo. Lo único que ha envejecido son los vicios y sus órganos, pero el alma está vigorosa y se goza de no sentir grandes ataduras con el cuerpo; ha dejado ya gran parte de su carga. Por eso salta de gozo y anda desmintiendo su pretendida senectud; afirma sin rebozo que ésta es la flor de sus años. Creámosla, dejémosla gozar de su ventura.[4]

El alma desea que se la busque, que se la tenga en cuenta y se la cuide y que también se la respete temerosamente por su condición misteriosa e indómita. Debemos seguirla en su camino misterioso, a veces lleno de recovecos, transitando un complejo laberinto. Si perseveramos en darle un lugar de importancia en nuestra vida, entonces avanzaremos en nuestra intención de

---

[4] Séneca, *Elogio de la ancianidad*, Iberia, Barcelona, 2007, p. 22.

lograr un permanente contacto y un vínculo con ella. Ella nos ama desde el principio, desde el momento en que Dios sopló el aliento de vida en cada uno y fuimos almas vivientes. Esto nos permitirá transitar en plenitud el peregrinaje en este mundo.

El escritor cristiano Ernesto Cardenal expresa en bellas palabras cómo es el alma que habita en nosotros. Es el alma enamorada de Dios, que vibra en sintonía con la persona con la que cohabita y logra expresarse plenamente cuando vive en el amor y es amada:

> Dios es ese sentimiento íntimo de soledad, y la conciencia de que existe un compañero, con el que todos nacemos. Y está dentro del alma. Allí donde reside el sueño, en la oscuridad del subconsciente, en las profundidades de la personalidad. En esa intimidad que no se comunica a nadie, ni a la esposa de uno ni aún a uno mismo. En la fuente de los sueños, de los mitos y del amor. Podrás estar lleno de dinero y de propiedades y tener grandes depósitos en los bancos; tu casa puede estar llena de todo; pero tú en tus adentros, estarás vacío. Entonces de ese interior vacío, sin Dios, sopla el viento helado de la soledad. A veces de noche, esa alma reprimida, privada por tanto tiempo de la caricia de Dios (tal vez después de una noche de placeres y de fiestas) se despierta aterrorizada por su propia soledad, y otras veces en mitad de la noche se despierta y llora.[5]

---

[5] Ernesto Cardenal, *Vida en el amor*, *Cuadernos Latinoamericanos*, Ed. Lohle, Buenos Aires, 1970, p. 89.

El alma busca a Dios

Podríamos acometer la tarea de conocer el alma refiriéndonos al tema de su principal atractivo: su vínculo con Dios. Existen abundantes referencias a este vínculo en la Biblia. El alma nace de Dios y continúa buscándolo y amándolo como su principal objetivo. Pero el alma tiene otra gran pasión: estar integrada en armonía creativa con la persona. El otro objetivo que moviliza al alma es estar en contacto con la vida, con los detalles de lo cotidiano, estar en comunicación creativa con la naturaleza y promover su contemplación y aprecio. El alma se deleita en los pequeños placeres de la vida, como disfrutar de una buena comida en grata compañía (el hombre y la mujer amada, la familia o los amigos), o trabajar con gusto y alegría en la tarea para la cual cada persona fue creada.

Esta es la realidad del alma: amar la vida; pero amar sobre todas las cosas a Dios. Esto lo expresa con gran belleza el recién citado autor Ernesto Cardenal:

> Sólo a Dios puede poseerse plenamente. Sólo a Dios podemos abrazar, porque los brazos del alma humana han sido creados para abrazar el infinito y nada más... Dios da la dicha del placer sin necesidad del placer, y la embriaguez del vino sin beber vino. En Él está la esencia de la embriaguez. Él es todos los placeres y alegrías y deleites, y todo el amor, pero en un grado infinito, no como las sombras de placeres y alegrías y deleites y las sombras del amor que nosotros hemos perseguido. Amarte es ahora la única razón de mi existencia y mi única profesión y mi único oficio.[6]

---

[6] *Ibíd.*, p. 70.

El alma se regocija en la vida

El autor Thomas Moore define el alma sin entrar en detalles precisos pues sabe que ella no es objeto de definiciones que cierren los conceptos sino más bien un permanente misterio al que cada persona debe abordar con respeto y amor para conocerla. Dice:

> Es imposible definir con precisión qué es el alma. En todo caso, la definición supone un quehacer intelectual, y el alma prefiere imaginar. Intuitivamente sabemos que el alma tiene que ver con la autenticidad y la profundidad. Como cuando se dice que cierta música tiene alma o que una persona notable está llena de alma. Cuando examinamos de cerca el concepto de "plenitud de alma", vemos que se relaciona con la vida en todos sus aspectos: conversación interesante, amigos auténticos y experiencias que permanecen en el recuerdo y que tocan el corazón. El alma se revela en el afecto, el amor y la comunidad, como también en el retiro en nombre de la comunicación interior y la intimidad. Todo problema psicológico es en última instancia un asunto religioso. Así pues, contiene a la vez consejo psicológico y orientación espiritual.[7]

El autor continúa comentando que cuando la persona niega y arrincona al alma, de tal modo que ella no pueda expresarse, el alma sufre, pues se siente descuidada y abandonada, y a la vez impotente, pues no puede actuar ni manifestar lo mejor de ella. Entonces comienza a aparecer cierta patología emocional y psicológica que se manifiesta con diversos síntomas, que él explica y comenta de esta manera:

---

[7] Thomas Moore, *El cuidado del alma*, Urano, Barcelona, 1992, p. 12.

Los problemas emocionales de nuestra época, de los que los terapeutas oímos quejarse diariamente a nuestros pacientes, incluyen:

El vacío;

la falta de sentido; una vaga depresión;

la desilusión con respecto al matrimonio, la familia y las relaciones;

la pérdida de valores;

los anhelos de realización personal;

la avidez de espiritualidad.

Todos estos síntomas reflejan una pérdida de alma, y nos hacen saber lo que ella anhela. Estamos excesivamente ávidos de diversión, poder, intimidad, satisfacción sexual y cosas materiales, y creemos que podremos hallar todo eso si encontramos la relación perfecta, el trabajo adecuado, la iglesia verdadera o la terapia que más nos conviene. Pero sin alma, cualquier cosa que encontremos será insatisfactoria, porque lo que verdaderamente anhelamos en todos esos ámbitos y en cada uno de ellos, es el alma. Si nos falta la plenitud del alma, intentaremos atraer hacia nosotros grandes cantidades de esas seductoras satisfacciones, pensando que la cantidad nos compensará la falta de calidad.[8]

Con este panorama se cae en la tentación de "solucionar" estos síntomas con recursos médicos o psicológicos. Sin embargo, la raíz del problema es que se ha perdido la sabiduría que proviene del alma, e incluso se ha caído en el desinterés o la negación de su existencia.

---

[8] *Ibíd.*, pp. 17-18.

La psicología y la psiquiatría tradicional se remiten a lo que está en la estructura del aparato psíquico; por lo general se niega la realidad del alma y del Espíritu que habitan nuestro ser. Con ese esquema acotado, por supuesto que no avanza en incorporar al alma como un componente constitutivo del ser interior. Hay otros profesionales que sí consideran al alma y la espiritualidad como aspectos fundamentales de la estructura psíquica e integral de persona; y no sólo un complemento secundario de la estructura psíquica, sino el factor más influyente de la interioridad humana.

El alma necesita de su libertad de expresión, de ser reconocida, amada y consultada. Si esto es así, la persona podrá desarrollarse en plenitud con el alma, alcanzando altos niveles de realización en la vida, cubriendo los aspectos físicos y espirituales; será una persona con salud integral que gozará del *shalom* de Dios, es decir, con un completo bienestar de salud física y espiritual, con una vida rica y productiva y llena de amor a sí mismo, al prójimo y a toda la creación de Dios.

La visión judía del alma

El judaísmo y el cristianismo comparten la interpretación del origen del alma. Dios sopla sobre el hombre el aliento de vida. El alma, o *nefesh* en hebreo, es mencionada en el momento de la creación en los dos primeros capítulos del Génesis. Nuevamente citamos el versículo del Génesis 2:7: "Entonces Jehová Dios formó al hombre del polvo de la tierra, y sopló en su nariz aliento de vida, y fue el hombre un ser viviente."

Encontramos mucha literatura referente al alma, tomada del estudio del Antiguo Testamento en la cultura judía. Es una literatura muy rica, profunda e inspiradora. El escritor y docente argentino con fuerte arraigo en su raíz judía, Jaime Barylko, dice:

En la vida intrauterina, a cada niño se le enseña la Ley. Cuando el niño sale al exterior, (la boca) se abre, y lo que estaba abierto (la boca) se cierra. Cuando sale al mundo, un ángel le toca la boca y le hace olvidar lo aprendido previamente. Antes de salir a la luz del mundo, el ser toma un compromiso solemne: ser justo y no perverso, y serás humilde, no olvides que Dios es puro y el alma que Él deposita en ti también es pura. Si la conservas en su pureza, serás feliz; si no lo haces, se te quitará el alma. El alma sola, pura, de total sabiduría, antecede a la unión del alma con el cuerpo. Al unirse a la materia corporal se produce la pérdida de la sabiduría. El nacimiento es una ganancia y una pérdida.[9]

En la concepción judía, en el momento del nacimiento, al unirse el alma pura al cuerpo que proviene de la tierra, pierde su pureza. El ser humano deberá esforzarse para mantener el alma pura con una vida santa para ser feliz, logrando esto si se mantiene unido a Dios y si cumple con la Ley, la cual le ha sido enseñada durante el tiempo de la gestación en el antro materno.

La versión judía de los Salmos en castellano, el *Séfer Tehilim*, dice, comentando el Salmo 50:14 que menciona la frase "cumple con tus votos", algo similar a lo que menciona Barylko, aunque con un relato diferente:

> Estando en el vientre materno, un ángel le enseña al bebé toda la *Torá*. Luego, al momento de nacer, el ángel le hace olvidar lo que le enseñó; y le hacen jurar que será un virtuoso. Y así le permite salir al mundo.

---

[9] Jaime Barylko, *Del saber al sabor*, Grupo Zeta, Buenos Aires, 2010, p. 87.

Según ciertas opiniones, es a ese juramento que alude el versículo.[10]

Esta visión del ser humano refuerza el concepto de que el alma desea retornar a Dios quien es su fuente. El alma está más allá de nuestra comprensión humana y no la llegamos a entender cabalmente mientras vivimos aquí; sólo podemos tener una noción vaga de sus cualidades de eternidad y de pureza. El alma es una luz que nos ilumina sobre la realidad de Dios y de la vida. Dios le da una existencia independiente y separada con la finalidad de probarla y, a través de ello, permitirle retornar a Él, fundiéndose entonces en una unidad integral, en un nivel más elevado. Este es el destino último y el más deseado por el alma.

El alma y las ciencias médicas

El alma no puede ser objeto de tratamiento médico, pues ella es libre y su manera de expresarse no depende de la voluntad humana sino del respeto del hombre por su libertad para expresarse y actuar activamente en su persona. Podemos caer en la tentación de intentar "solucionar" los síntomas que surgen del alma y se manifiestan en la salud, tal como lo mencionaba en unas líneas anteriores. Thomas Moore, a quien ya citamos, agrega un párrafo significativo sobre este aspecto:

> Es evidente que el alma necesita de un lenguaje diferente del que usan la terapia y la psicología académica. Como la alquimia, es un arte, y por lo tanto sólo puede expresarse en imágenes poéticas. La mitología, las bellas artes, las religiones y los sueños nos proporcionan una serie de imágenes inapreciables por cuya mediación se revelan y se contienen, simultáneamente, los

---

[10] *Ibíd*, p. 88.

misterios del alma. Existen también los psicólogos de
la profundidad, que respetan el misterio de la vida humana y se resisten a la secularización de la experiencia.
Es necesario tener amplitud de visión para saber que
en el corazón de cada ser humano se aloja un trozo
del cielo y un fragmento de la tierra, y que si vamos
a cuidar de ese corazón tendremos que conocer tanto
el cielo y la tierra como el comportamiento humano.[11]

Los "síntomas" de vacío existencial provienen de alguien que niega la existencia de su alma, de aquel que no la tiene en cuenta ni la deja actuar ni expresarse en libertad, del que oprime su alma y la encarcela. Como consecuencia del cartesianismo que heredamos de un largo proceso de división entre el alma y el cuerpo, en la cultura occidental esta concepción ha calado hondo, de tal manera que empobrece el alma a un esquema muy acotado de su lugar en la visión del ser humano integral y no se avanza en incorporar al alma como un componente fundamental y constitutivo del ser interior.

El pensador y escritor argentino Ernesto Sábato considera que es válido y pertinente plantear el vínculo de la ciencia con respecto de su visión del alma que venimos mencionando; en este caso se refiere a la medicina en particular. Dice Sábato:

La falta central que sufrió la medicina proviene de la
falsa base filosófica de los tres siglos pasados, de la ingenua separación entre alma y cuerpo, del cándido materialismo que conducía a buscar toda enfermedad en
lo somático. El hombre no es un simple objeto físico,
desprovisto de alma; ni siquiera un simple animal: es
un animal que no sólo tiene alma sino espíritu, y el
primero de los animales que ha modificado su propio

---

[11] Thomas Moore, *El cuidado del alma*, Urano, Barcelona, 1992, p. 49.

medio por obra de la cultura. Como tal, es un equilibrio –inestable– entre su propio soma y su medio físico y cultural. Una enfermedad es, quizá, la ruptura de ese equilibrio, que a veces puede ser provocada por un impulso somático y otras por un impulso anímico, espiritual o social. No es nada difícil que enfermedades modernas como el cáncer sean esencialmente debidas al desequilibrio que la técnica y la sociedad moderna han producido entre el hombre y su medio. ¿El cáncer no es acaso un cierto tipo de crecimiento desmesurado y vertiginoso?[12]

Hay otros científicos y profesionales que sí consideraron al alma y la espiritualidad como aspectos fundamentales que influyen en la estructura física y somática. De hecho, ya la medicina "psicosomática" es una aproximación a la incorporación del alma al resto de la estructura integral del ser humano. Pero, al no ser abordada la sintomatología que produce el alma cuando es negada, nunca se llega a la raíz de la cuestión y el alma continúa manifestando su malestar y disconformidad. No se logra la resolución de esta sintomatología tan frecuente en nuestro tiempo y en nuestra cultura. Jamás se resolverán los deseos insatisfechos del alma con recursos menores y equivocados como la acumulación de bienes materiales o el mero uso de medicación ansiolítica. Entonces descubrimos que la medicina, que siempre es propensa a curar y a adecuar el funcionamiento a las demandas de la sociedad, aquí no pueden actuar porque el alma no necesita que la arreglen ni la modifiquen ni la adapten; tampoco necesita que le devuelvan la salud, sino que la liberen, que la dejen expresarse. Entonces, a través de ella, sí se podrá alcanzar la plenitud

---

[12] Ernesto Sábato, *La resistencia*, Seix Barral, Buenos Aires, 2006, p. 26.

de la vida. Para esto deberá aceptarse la existencia y la benéfica influencia del alma y su sabiduría.

Carl Jung y el análisis de su alma en el *Libro Rojo*

Carl Gustav Jung nació el 26 de julio de 1875 en Suiza. Su padre, Paul Jung, fue un pastor luterano dentro la Iglesia Reformada Suiza. El niño Carl creció rodeado de una familia muy educada y extensa que incluía a unos cuantos clérigos y algunos personajes excéntricos también. El padre inició a Carl en el latín, que el joven aceptó con gran interés, en especial por el lenguaje y la literatura antigua. También leía alternativamente otras lenguas antiguas.

Siendo ya profesional fue un gran admirador de Freud, hasta que por fin lo conoció en Viena en 1907. Dice la historia que después de conocerlo, Freud canceló todas sus citas del día para continuar una conversación que duraría trece horas continuas; tal fue el impacto de este encuentro. A la larga Freud lo consideró como el príncipe de la corona del psicoanálisis y su mano derecha.

Jung, pasados algunos años, comenzó a distanciarse de su antiguo maestro y tomó su propio camino de investigación. Se dedicó con entusiasmo a la exploración del "espacio interno". Con un conocimiento inagotable sobre mitología, religión y filosofía comenzó a recorrer su propio camino de estudio e investigación. Era especialmente capaz en el manejo del simbolismo de tradiciones místicas complejas, lo cual enriqueció notablemente su visión del inconsciente y del alma.

Simultáneamente con sus estudios científicos sobre el alma en la composición integral del ser humano, fue experimentando personalmente con su alma un acercamiento que fue plasmando en un libro de sus experiencias personales. Allí él se sentía a solas con su alma, interpretaba sus sueños y crecía interiormente conociendo sus misterios.

El *Libro Rojo* es un manuscrito con ilustraciones. Narra bellamente las fulgurantes y aterradoras visiones de C. G. Jung acaecidas entre los años 1913 y 1916, y su audaz intento de comprenderlas desde 1914 hasta 1930. Es considerado el núcleo de su obra posterior. En sus páginas dejó plasmada la exploración de su propio ser interior, sobre todo las relaciones con su inconsciente y su alma, que en gran parte desentrañaba a través de sus sueños. Es un diario íntimo y las imágenes oníricas están reproducidas en maravillosos dibujos. Jung aconsejaba ese mismo sistema a todos como vía de autoconocimiento. Se publicó recientemente en el año 2009.

En el año 1957 hizo un comentario sobre los años que pasó meditando y analizando sus imágenes internas. Sus sueños en esa etapa habían sido los más fructíferos e importantes de su vida, y sobre su base decidió lo más significativo de su conocimiento. Acerca de esta etapa dice:

> Los años en los que seguí a mis imágenes internas fue la época más importante de mi vida y en la que se decidió todo lo esencial. Comenzó en aquel entonces y los detalles posteriores fueron sólo agregados y aclaraciones. Toda mi actividad posterior consistió en elaborar lo que había irrumpido en aquellos años desde lo inconsciente y que en un primer momento me desbordó. Era la materia originaria para una obra de vida. Todo lo que vino posteriormente fue la mera clasificación externa y la elaboración científica, pero el

comienzo numinoso que todo lo contenía, ya estaba allí.[13]

Jung tuvo una serie de sueños que fueron muy significativos para el desarrollo de su teoría del ser interior. En el otoño de 1913 tuvo la visión de una "inundación monstruosa" que hundía casi toda Europa y cuyas aguas llegaban hasta las faldas de las montañas de su nativa Suiza. Vio miles de personas ahogándose y la ciudad temblando. Luego, las aguas se tornaban en sangre. En las siguientes semanas a la visión, surgieron sueños de inviernos eternos y ríos de sangre. Estaba asustado de que se estuviese volviendo psicótico.

Empezó la Primera Guerra Mundial y entonces pudo comprender el sentido de sus sueños premonitorios. Jung creyó que de alguna manera existía una conexión, como individuo y la humanidad en general, que él no terminaba de explicarse. Desde este momento hasta 1928, se fue metiendo en un proceso doloroso de auto-exploración que formaría la base de su futura teoría. Cuidadosamente empezó a anotar sus sueños, fantasías y visiones, y las dibujó, pintó y esculpió. Halló que sus experiencias tendían a tomar formas humanas, empezando por un anciano sabio y su acompañante, una niña pequeña. El anciano sabio evolucionó, a través de varios sueños, hasta una especie de guía espiritual interior. La niña pequeña se convirtió en "anima", el alma femenina, que servía como medio de comunicación entre el hombre y los aspectos más profundos de su inconsciente. Un duende marrón apareció como celador de la entrada al inconsciente. Era "la sombra", una compañía primitiva del Yo de Jung.

En el *Libro Rojo* dice sobre el alma:

---

[13] Carl Gustav Jung, *Libro Rojo,* Ed. El hilo de Ariadna, Buenos Aires, 2012, p. 2.

El alma es lo vivo en el hombre, lo vivo y causante de vida por sí mismo. El alma, con astucia y juegos engañosos, atrapa a la vida, a la inercia de la materia que no quiere vivir. Convence de cosas increíbles para que la vida sea vivida. Está llena de trampas para que el hombre caiga, toque la tierra y allí se enrede y se quede, y de ese modo la vida sea vivida... El aspecto de sabiduría del alma sólo se manifiesta a quien dialoga con ella.[14]

Al comenzar, el *Libro Rojo* lleva a cabo un diálogo de reconocimiento de la búsqueda anterior de su alma: entonces tenía una mirada lejana; ahora descubre una nueva manera de acercarse a ella. Es el reconocimiento de un nuevo camino. Dice muy emotivas palabras que titula "El reencuentro del alma y Dios":

> La visión del diluvio me atrapó, y sentí el espíritu de la profundidad, pero no lo comprendí. Él, sin embargo, me forzó con insoportable anhelo interior, y yo dije: Alma mía, ¿dónde estás? ¿Me oyes? Yo te hablo, yo te llamo, ¿estás allí? He regresado, estoy nuevamente aquí, he sacudido de mis pies el polvo de todas las comarcas, y vine hacia ti, estoy contigo, tras largos años de largo andar he vuelto a ti. Una cosa he aprendido, y es que hay que vivir esta vida. Esta vida es el camino, el camino largamente buscado hacia lo invisible, hacia Dios.[15]

En otro momento Jung continúa en diálogo con el alma, a la que le dice:

---

[14] *Ibíd.*, p. 172.
[15] *Ibíd.*, p. 173.

Estoy cansado, alma mía, demasiado duro mi andar, la búsqueda de mí, fuera de mí. Ahora he atravesado las cosas y te encontré a ti detrás de todo. Sin embargo, en mi odisea a través de las cosas descubrí humanidad y mundo. He encontrado hombres. Y a ti, alma mía, te reencontré, primero en la imagen que está en el hombre, y luego a ti misma. Te encontré allí donde menos te esperaba. Allí ascendiste a mí desde una fosa oscura. Te habías anunciado por anticipado en mis sueños. Me hiciste recorrer caminos cuya infinita longitud me hubiera asustado, si el saber sobre ellos no hubiera estado guardado en ti.[16]

¡Qué bello diálogo de Jung con su alma! Nos invita a que nosotros también vivamos esta aventura en la que nos lidera Carl Jung, de peregrinar a nuestro ser interior y plasmar en la descripción de nuestros sueños las reflexiones que nos provoca nuestra alma y los mensajes que ellos nos traen. También a dibujar las imágenes misteriosas que no acabamos de comprender, pero que están allí para continuar hablándonos cuando vez tras vez volvamos a ellas en actitud de meditación y reflexión buscando su verdadero mensaje y sentido ¿Nos animaremos a iniciar esta apasionante aventura? Dios estará a nuestro lado y nos ayudará a encontrar el camino de encuentro con nuestra alma.

---

[16] *Ibíd.*, p. 177.

II

El alma y Dios

2

Parábola del alma triste

> [15] *Y (Jesús) les dijo: Mirad, y guardaos de toda avaricia; porque la vida del hombre no consiste en la abundancia de los bienes que posee.* [16] *También les refirió una parábola, diciendo: La heredad de un hombre rico había producido mucho.* [17] *Y él pensaba dentro de sí, diciendo:¿Qué haré, porque no tengo dónde guardar mis frutos? Y dijo: Esto haré: derribaré mis graneros, y los edificaré mayores, y allí guardaré todos mis frutos y mis bienes;* [19] *y diré a mi alma: Alma, muchos bienes tienes guardados para muchos años; repósate, come, bebe, regocíjate.* [20] *Pero Dios le dijo: Necio, esta noche vienen a pedirte tu alma; y lo que has provisto, ¿de quién será?* [21] *Así es el que hace para sí tesoro, y no es rico para con Dios.* Lucas 12:15-21 (RVR1960)

Permítaseme utilizar este título para la conocida parábola "El rico necio", relatada por Jesús en el Evangelio de San Lucas. Es obvio que quiero poner énfasis en el alma y no en la persona del hombre necio. El alma es un elemento central de esta parábola. Jesús la menciona en dos oportunidades: una vez cuando el hombre necio habla con su alma y le transmite las supuestas "buenas noticias", y otra vez cuando una voz, que presumimos es la voz de Dios mismo, le habla al rico necio (vs. 19 y 20).

He observado, sin embargo, que en algunas versiones no aparece el alma mencionada ni una sola vez; sencillamente se la eliminó de la parábola. Esto me hizo pensar en poner al alma como la protagonista de este relato ¿Qué sucedía con esa alma dejada de lado por un hombre necio y ambicioso?

Relacionado con esta ausencia de la mención del alma, Thomas Moore hace un interesante comentario sobre este tema:

> Recientemente, mientras asistía a un servicio cristiano, me sorprendió la traducción de una antigua plegaria que yo conocía bien de tiempo atrás: "Señor, di sólo una palabra, y mi alma será sanada". La versión que escuché decía: "Señor, di sólo una palabra y yo seré sanado". La diferencia es pequeña, pero muy reveladora: ya no hacemos distinción alguna entre el alma y uno mismo. Podría ser tentador colocar el concepto del cuidado del alma en la categoría del desarrollo personal, que tiene mucho más de proyecto del ego que el del cuidado del alma. Pero el alma no es el ego. Es la profundidad infinita de una persona.[1]

El alma como guía a ser consultada y amada en la vida

> *Y (Jesús) les dijo: Mirad, y guardaos de toda avaricia; porque la vida del hombre no consiste en la abundancia de los bienes que posee.* Lucas12:15

Los seres humanos solemos cometer una grave equivocación cuando buscamos nuestra propia y vana satisfacción y realización personal en el transcurso de la vida, obviando en esa búsqueda la consulta permanente con nuestra alma. Sólo alcanzaremos la satisfacción plena de la vida si cuidamos y respetamos

---

[1] Thomas Moore, *El cuidado del alma*, Urano, Barcelona, 1992, p. 359.

la guía de nuestra alma y si, a la vez, más allá pero a través de ella, buscamos la presencia de Dios como fin último y fundamental de nuestra existencia.

Quizás se piense que el objetivo de la vida puede ser satisfecho con bienes materiales. Pero esta es sólo una satisfacción por un corto tiempo, aunque hay personas que perseveran en esa búsqueda equivocada toda la vida, desperdiciando el valor de su alma, que es su principal tesoro y guía para saber qué hacer para que la vida sea digna de ser vivida. Todos hemos sido creados para alcanzar un proyecto de vida que Dios preparó, y del cual el alma es la custodia que nos llevará por el camino correcto. ¿Qué podemos esperar de alguien que tiene el corazón endurecido por la codicia y la vanidad? Sólo Dios puede hacerle cambiar su manera de pensar y sentir a quien pone el dinero como el primero de sus valores. Pero la elección, en última instancia, quedará ligada al libre albedrío de cada persona. Dios respeta la libertad humana aun cuando desea lo mejor para su vida.

El hombre necio había producido mucho. Pero, ¿qué era lo que había producido en cantidad? Muchos bienes materiales. Pues bien: ¿qué implicaba esta producción de bienes? Deducimos que había invertido mucho tiempo y capacidad personal en ese objetivo. Podemos pensar que esa inversión de tiempo en la que puso en funcionamiento todas sus capacidades lo distrajo de las verdaderas metas de la vida. No es que la persona sea mala, pero lo que sí es destacable en este caso es que había apuntado mal en sus prioridades. Qué "pequeña/gran diferencia", ¿verdad? Había confundido el camino y marchaba entusiasmado en la dirección incorrecta, alejándose de los deseos de su alma y de Dios.

Surge otra pregunta: ¿por qué se estaba alejando de su alma? El versículo 17 de este capítulo dice: *"Y él pensaba dentro de sí, diciendo: ¿Qué haré? Y dijo: Esto haré...".* Ese pensamiento era de tipo autorreferencial, es decir, no interactuaba con su ser interior, con su corazón y con su alma. Todo surgía de su mente, y con ella sacaba cuentas, sumas y restas, inversión y ganancia, números y rendimiento... y en esa maraña de pensamientos narcisistas veía crecer sus bienes personales. En su mente no cabía el pensar en otros aspectos; por ejemplo, que quizás algunos de los habitantes de su pueblo tenían hambre. Esta manera de pensar no permitía el menor espacio para la llegada de lo diferente, de una visión más amplia y abarcadora de la realidad. ¡Qué triste! Si en este momento hubiera consultado a su alma todo hubiera sido distinto y mejor para él... y para los demás.

Este hombre era necio, no porque no fuera suficientemente inteligente o astuto, sino porque no era sabio. No es lo mismo ser inteligente que sabio. Dice Proverbios 1:7: "El principio de la sabiduría es el temor de Jehová". El necio confía en sí mismo y rechaza la revelación de Dios y tampoco confía ni consulta a su alma para saber cómo actuar ante las situaciones que le presenta la vida. Un ejemplo de esta necedad es que acumula riquezas, invirtiendo tiempo y más tiempo... y en eso se le va la vida, sin darse cuenta de que la vida es breve. ¿Para qué entonces le servirá lo que ha acumulado con esfuerzo, cansancio y negación del alma, si pronto la vida pasará y no podrá llevarse más que pobreza de espíritu y alma?

El alma y las riquezas

> ... no tengo dónde guardar mis frutos? Y dijo: Esto haré: derribaré mis graneros, y los edificaré mayores, y allí guardaré todos mis frutos y mis bienes. (vs. 17b-18)

Queda claro que el alma no puede ser llenada con algo tan pobre como los bienes materiales que son temporales. El dinero puede aparecer como un poderoso objeto de deseo que supuestamente podría llenar ese vacío, pero aún si una persona lograra poseerlo a manos llenas sólo encontrará, tarde o temprano, frustración y decepción de la vida. Esa futilidad es la que experimentó el necio de esta parábola relatada por Jesús.

Su desengaño debe haberse iniciado cuando comenzó a hablarle a su alma, "al darle las (supuestas) buenas noticias" que él había conquistado: "y diré a mi alma: Alma, muchos bienes tienes guardados para muchos años; repósate, come, bebe, regocíjate" (v. 19).

Hizo una presentación con bombos y platillos a su alma. Las novedades que le transmitió eran un anticipo de que, a partir de ahora, podía alegrarse por los bienes de los que podrían gozar en los próximos años, y que, supuestamente, tenían asegurados. En este punto el alma estaba más que desconsolada, pues a ella no le interesaba nada de lo que el necio le ofrecía. No le interesaba la abundancia de los bienes que le anunciaba. El alma goza de bienes cuando se comparten. Sin embargo, en este caso, esos bienes estaban guardados y acumulados de manera mezquina. Al alma le interesa vivir el momento y es feliz de compartir con amigos y alegrarse... ¿pero tenerlos guardados? ¿Para qué? El alma es vivencial y disfruta de la vida y del momento, de la ocasión y de un placer sencillo.

El rico necio le ofrece al alma algo que él no le puede dar: le dice "repósate", y luego enumera los bienes que le ofrece. Es que este hombre no sabe que el alma sólo encuentra reposo y descanso en Dios. Como dice el Salmo 62:1, "En Dios solamente reposa mi alma. De Él viene mi salvación". ¡Qué equivocado estaba este hombre y qué necedad para enfrentar la vida! A veces nosotros también somos así de necios, escogiendo caminos equivocados y perseverando en el error.

Pero volvamos al alma triste. Esa noticia sólo le causó frustración y decepción de pertenecer a una persona necia. El alma sintió el mismo y conocido vacío producido por la actitud de permanente negación a escuchar su voz y de ser amigo de ella. Es que el rico necio creía que podía hablar con su alma, dirigirle la palabra sin consultarla, pero la comunicación del necio iba en una sola dirección porque no sabía la clave más importante: primero debía aprender, con delicadeza y amor, a escuchar a su alma, a prestarle atención, a buscar su dirección; ¡pero él no sabía escuchar a su alma! Sólo sabía hablarle. Ahora, si lo hubiera hecho, seguramente el alma le habría sugerido buscar la felicidad en otros objetivos lejos de la avaricia de los bienes materiales. Le hubiera sugerido que compartiera esa cosecha extra, que fuera generoso, que, en cambio, acumulara la amistad y el respeto de sus conciudadanos de la comunidad en la que vivía y que, además y por sobre todo, buscara el favor de Dios.

Pero este hombre "piensa, hace y dice". El necio habla mucho pero sabe poco y su mensaje es vacío. Como enuncia el libro de Proverbios 15:2, "De la boca de los sabios brota sabiduría; de la boca de los necios necedades", y este hombre le hablaba necedades a su alma. Hay un dicho oriental que afirma: "El que habla mucho no sabe, y el que sabe, habla poco" y, seguramente, si no habla mucho, es porque está hablando en silencio con su alma y con Dios, consultando y aprendiendo a vivir mientras transita el buen camino.

Se desprende del texto que este hombre ya era rico: "les refirió una parábola, diciendo: La heredad de un hombre rico había producido mucho..." (v. 16). Quizás había heredado ya una fortuna de su familia y vivía cómodamente con sus riquezas. Sin embargo, aún así, sucede que tiene una cosecha muy buena e inesperadamente abundante, a tal punto que no tiene dónde guardar el excedente de la misma. ¿Para qué quería tanta abundancia si ya era rico desde su niñez? Este era el momento crucial de su vida, un tiempo clave para consultarle a su alma sobre qué debía hacer. Podría haberle preguntado: "Alma, ¿qué haré con tanta abundancia de bienes? Ayúdame, aconséjame para que actúe bien, para que esté en paz contigo porque tú eres mi más íntimo ser, mi verdadera identidad escondida, lo más sensible y lo más sabio. Si me aconsejas sabré que estoy haciendo lo correcto ante Dios y podremos conversar y estar unidos en alegría. ¡Por favor respóndeme! Mi vida depende de ti."

Pero no: el hombre actuó haciendo comentarios tontos, inspirado en el autoengaño. Tomó el peor camino, pues su mente y su corazón mezquino se orientaron a la avaricia. Pensó que a su alma le llevaría las "buenas noticias". Pobre tonto, no sabía que esas buenas nuevas eran pésimas noticias para ella.

Intercalaremos aquí una historia que ilustra el tema que estamos tratando, que es el cuento jasídico de *La princesa y el campesino*, una parábola del alma que se casó con el cuerpo, por Shimona Tzukernik.[2]

> Hay una parábola sobre una princesa que se casó con un campesino. El padre de la princesa, el rey, había entrevistado a varios pretendientes y ninguno era el adecuado. Finalmente el rey dijo: "El próximo hombre que entre a la habitación será tu esposo". Y la princesa aceptó. Y, ¿quién entró? El jardinero que atendía las propiedades del rey, y fue así que tuvieron que casarse. Él no cabía en sí de felicidad y ella estaba desolada. Pero era así que estaban planteadas las cosas.
>
> Se casaron, él preparó la casa y colocó paja sobre los bancos en los que iba a dormir, pero ella no estaba contenta. Al día siguiente le trajo papas, pero ella no es-

---

[2] Shimona Tzukernik es autora, fundadora y directora del centro Omek dedicado a educar en profundidad a mujeres en el marco del *Jewish Learning Institute* (Instituto judío de aprendizaje).

taba contenta. Al día siguiente le trajo los mejores tomates de los campos más fértiles, pero ella seguía sin estar contenta. La princesa volvió al palacio a ver a su padre y le preguntó: "¿Cómo puedo explicarle que yo vengo del palacio del rey? No me puede ofrecer lo que necesito porque ni siquiera tiene idea de que existe."

Esta es la parábola del alma que se casó con el cuerpo. El cuerpo es el campesino, ofreciéndonos el poder de Wall Street, edificios de apartamentos, éxito, poder y toda clase de papas y tomates. El alma acude a Dios y le dice: este campesino no me está brindando lo que necesito.

La mayoría de nosotros vive razonando como el campesino. Es por eso que no importa cuánto llegamos a tener, nunca es suficiente. Es porque estamos nutriéndonos equivocadamente. Puede que sea todo lo que el campesino jamás haya podido soñar, pero sigue siendo insuficiente, porque la princesa ha crecido rodeada de mayores refinamientos. Las enseñanzas de los maestros jasídicos nos permiten acceder a la conciencia de la princesa. Nos hacen estar alertas frente al hecho de que, a menudo, pasamos por la vida creyendo que somos algo que no somos y, por lo tanto, corremos tras cosas que no van a gratificarnos.

Es posible que las personas necias intenten buscar, además de en las consabidas riquezas, en otros ámbitos también equivocados, como la falsa alegría de los amores pasajeros, las fiestas, el brillo externo y la fama. Son situaciones de falsa alegría y de la más vulgar vanidad, aunque se pretenda vivirla como momentos de gran glamour y relevancia personal. Pero todo esto será finalmente inútil. Estas experiencias dejarán un sabor amargo tan pronto como pasen, y el alma quedará triste y abandonada en la más oscura soledad.

Antes de comenzar su parábola Jesús hace una introducción general a la historia que está por relatar (v. 15), poniéndole un título que define el tema: "Y les dijo: Mirad, y guardaos de toda avaricia; porque la vida del hombre no consiste en la abundancia de los bienes que posee". Es obvio, entonces, que los bienes materiales, la "buena vida", no son una salida, una solución para encarar la razón de nuestra existencia, y mucho menos de seducir a nuestra alma. Es que para poder satisfacer a nuestra alma debemos primero reconocer que ella es una reina, una reina humilde y que disfruta de la buena vida; el problema es que ella entiende "la buena vida" en términos muy distintos a los que le planteaba este necio. En realidad, ella quiere tomar la iniciativa y ser consultada para indicar cuál es el buen camino para vivir la vida de una manera que merezca la pena y traiga alegría y plenitud al corazón y a la totalidad de la persona unida a Dios.

El hombre rico desconoce la verdadera felicidad

Amados, yo os ruego como a extranjeros y peregrinos, que os abstengáis de los deseos carnales que batallan contra el alma. 1 Pedro 2:11 (VRV 75)

Resulta un tanto grotesco "el diálogo" (más bien, se trata de un soliloquio) que el necio lleva a cabo con su alma. ¿Realmente pensaría que ella lo estaba escuchando y aprobando? Lo escuchaba, sí, pero no estaba de acuerdo con nada de lo que el hombre le decía. Pero el alma no responde; ¿para qué intentaría hacerlo si sabía que no sería escuchada? El tonto hablaba consigo mismo, con su avaricia, pero no con ella; no con su alma. Ella estaba en realidad en un rincón oscuro, en un calabozo, encerrada y abandonada. Para colmo el necio se cree inteligente: piensa de sí mismo como si fuera un triunfador en la vida. ¡Qué triste ser el alma de alguien tan ignorante y pobre de espíritu!

Qué diferente es lo que dice la Biblia con respecto a la verdadera felicidad: "Feliz el hombre y la mujer que confían en Jehová y cuya confianza es Dios. Porque serán como un árbol plantado junto a las aguas, que junto a la corriente echará sus raíces, y no verán cuando viene el calor, sino que sus hojas estarán verdes; y en el año de sequía no se fatigará ni dejará de dar fruto" (Jer. 17:7-8).

¿Cuándo considera Dios rescatar el alma?

El alma sufre y se siente prisionera en dos situaciones. La primera se produce cuando una persona buena, amable, que cree en Dios y es bondadoso con su alma, de pronto se encuentra en una situación de dolor, de persecución o sufrimiento; entonces el alma de esa persona sufre con ella y lo acompaña solidariamente y es una fuente de consuelo. Compañía, amistad y palabras de aliento; el alma dice: "sufriremos juntos". Tomemos por ejemplo el Salmo 143, que menciona en cuatro oportunidades los sufrimientos del alma, y pide ayuda a Dios por la persecución que sufre el salmista David: "El enemigo persiguió mi alma, ha postrado mi vida contra el suelo, me ha hecho habitar en tinieblas, como los que hace tiempo han muerto" (v. 3); "A ti alzo mis manos, mi alma te anhela como la tierra sedienta" (v. 6); "Vivifícame, oh Jehová, por amor a tu Nombre, por tu justicia saca mi alma de la angustia, por tu misericordia silencia a mis adversarios; Destruye a todos los enemigos de mi alma, porque yo soy tu siervo" (vs. 11 y 12).

La segunda situación de sufrimiento del alma se produce cuando ella no es escuchada, atendida, tenida en cuenta por la persona con la que convive y de la que "es parte". Es el caso de esta parábola del alma triste del hombre necio, que no es respetada en su misión principal para la vida, la cual consiste en mostrar los secretos y la belleza de una vida bien vivida y vincular a la persona con Dios. En el caso del alma de esta parábola, ¿qué podemos pensar? ¿Quizás que esta pobre alma habrá clamado a Dios por su rescate? ¿O que Dios habrá visto el sufrimiento de esa alma y se apiadó de ella por compartir la vida con este hombre que sin escrúpulos tomó tantas decisiones equivocadas en el transcurso de su vida? Quizás esta decisión última, que fue tan errónea, fue la gota que rebalsó el vaso. Lo cierto es que la decisión de Dios es terminante: "Necio, esta noche vienen a pedirte tu alma."

Busqué en la versión castellana de la Biblia del Oso (así se llama la primera Biblia traducida y publicada en castellano en el año 1569, hecha por Casiodoro de Reina). Allí dice: "Y díxole Dios, Loco efta noche buelven a pedir tu alma de ti; y lo que has aparejado, cuyo será?" Es llamativo que en esta versión antigua Dios lo llame a este hombre "loco".

"Almas frías", una película de ficción sobre el valor del alma

Hace unos días vi una reciente película de ficción titulada *Cold Souls* (Almas frías), la cual presenta en su argumento una situación absurda, pero aprovecha esta situación para reflexionar sobre la función del alma en la vida del hombre. Su directora, Sophie Barthes, se pregunta tales como: ¿Qué es el alma? ¿En qué lugar del ser humano se halla depositada? ¿Cuál es su función? ¿Qué pasaría si pudiéramos extraérnosla, como si fuera un quiste, y qué clase de vida viviríamos sin ella? ¿Y qué si pudiéramos extraerla e implantarnos el alma de otra persona? Al comienzo de la película cita una frase: "El alma se sitúa en la pequeña glándula localizada en el centro del cerebro" (René Descartes, *La pasión del alma*, 1649).

La película cuenta con Paul Giamatti en el rol principal, David Strathairn y Emily Watson como actores de reparto, el libreto y la dirección son de Sophie Barthes. La historia se centra en el drama interior del protagonista: Giamatti se interpreta a sí mismo como actor de cine, que se prepara para un papel principal de la obra de teatro intitulada *Vanya*, de Anton Chehkov. Pero ha sido tanta su obsesión con el papel protagónico, que no puede desligarse emocionalmente del personaje; siente como si alguien o algo "le hubiera puesto el corazón en un torno y le hubiera hecho girar y girar hasta triturarlo". La vida se le hace muy angustiante. Entonces lee un artículo en una revista sobre la "extracción" del alma. Un doctor ha encontrado la manera de extraer el alma de los individuos y guardarla en cajas fuertes refrigeradas. Esto es, presumiblemente, un remedio para aquellos que se sienten hartos de sí mismos y con gran desazón interior.

Giamatti vacila al principio, pero termina haciéndose partícipe y sufre la extirpación de su alma. El doctor le ofrece usar unos lentes especiales para ver al interior de su alma antes del procedimiento. Giamatti se niega. Cuando se la muestran tras la extirpación, resulta que tiene exactamente la misma forma y color de un garbanzo.

Los resultados de la operación son desastrosos: es incapaz de hacerle el amor a su esposa y, para colmo, su piel comienza a sentirse como si estuviera hecha de escamas. Cuando el actor se da cuenta de que no puede vivir sin alma, exige que se la reinserte. En ese momento se da una difícil situación, pues ha comenzado un mercado de tráfico de almas y, para su desesperación, descubre que su alma fue robada de la caja fuerte refrigerada y llevada a Rusia. Luego de muchos inconvenientes logra recuperarla. En el momento de la reimplantación, su alma no lo reconoce, pues ha estado en otra persona. Esa dificultad en el proceso de la operación hace que al actor no le quede más remedio que ponerse unos lentes especiales y ver hacia dentro de su alma con el fin de reconectarse con ella.

La escena final es significativa. Giamatti regresa a su hogar y una noche se encuentra en una playa con su esposa. Llega hasta ella y continúan caminando juntos hasta que la escena se desvanece. ¿Qué quiere decir? La idea de esa escena es que el alma sólo tiene paz cuando está en la persona en la que estuvo originalmente y puede compartirse con alguien más y caminar junto a él.

La película de Barthes es efectiva en el sentido de que pone sobre la mesa preguntas importantes sin sentirse responsable de tener que darles respuesta. Pero plantea que aunque pudiéramos extirpar de nosotros nuestra alma y ponerla en un frasco, no podríamos vivir sin ella: no podemos vivir sin alma, no podemos vivir nuestra vida como si fuera la vida de otros. Y la mejor manera de vivir es siendo coherentes y estar integrados con nosotros mismos; además, el alma es para brindarse y convivir en paz y con alegría con los demás.

Dios tenía otros planes para el hombre necio

... y lo que has provisto, ¿de quién será? (v. 20)

El relato de la parábola dice que entonces Dios le habló al hombre rico. No sabemos de qué manera le habló, pero sí sabemos que se aseguró de que entendiera sus palabras con toda claridad y sin lugar a dudas. ¿Qué habrá pensado el rico necio en ese momento? Aterrado se habrá preguntado a qué debería enfrentarse ahora: seguramente al absurdo de que había malgastado su vida, de que ahora sus riquezas serían dadas a otra persona que él ni siquiera sabía quién sería... quizás hasta podría ser un desconocido o aún su propio enemigo. ¡Ya es tarde para cambiar, pero había estado toda su vida acumulando para alguien que se quedaría con su fortuna!

Este es el proyecto de tantas personas que viven esforzándose, estresadas y juntando riquezas para "disfrutarlas algún día", pero ese día no llega y la vida se pasa. Es que la vida hay que vivirla en el camino, en el presente, en el proceso de transitarla, escuchando al alma lo que nos dice, lo que nos enseña y nos propone.

El alma humana ayuda al hombre y a la mujer a vivir la vida con trascendencia, a encontrar el proyecto propio, pero además a vivir bien la vida, a disfrutar de las cosas que realmente valen, que no son grandes ni costosas adquisiciones. El alma promueve el disfrute de un trabajo bien hecho, el trabajar con gusto en una tarea útil para traer el pan de cada día a la familia con alegría en el corazón. El alma de una madre trae sana alegría cuando prepara una rica comida con amor para su familia, y luego se goza de ver a sus pequeños hijos jugando con gusto con sus amigos y compañeros. El alma se alegra si aceptamos su invitación para observar la naturaleza y nos dejamos maravillar por ella, cuando miramos la luna llena, o la noche tachonada de estrellas alejados de las luces de la ciudad. ¡Es tan maravilloso el firmamento, y si lo miramos con los ojos y el corazón llenos de alma y con nuestra inocencia primitiva, entonces el paisaje se transformará en un espectáculo sencillamente glorioso...! Y el alma nos conducirá a alabar a Dios, el creador de tan bello espectáculo.

El cuadro está completo: la persona integrada con su alma, y Dios morando en ella.

El final termina en el principio

Así es el que hace para sí tesoro, y no es rico para con Dios. (v. 21)

Las palabras finales de esta parábola son las que están mencionadas encabezando esta sección: esto es lo que sucede si amontonamos riquezas y no tenemos la misma actitud de generosidad para con nuestro Dios, que es de quien recibimos todo bien (v. 21).

Jesús, a su vez, comienza esta parábola diciéndole al público que lo escuchaba: "Y les dijo: Mirad, y guardaos de toda avaricia; porque la vida del hombre no consiste en la abundancia de los bienes que posee" (v. 15).

Cuidarnos de la avaricia es guardarnos para el amor y la bendición que Dios tiene preparada para la vida. Dios nos colma de bendiciones y riquezas divinas en nuestra alma. Ella es la receptora del amor y la bondad de Dios para con sus hijos, y no hay mayor alegría que vivir con el corazón y el alma libres de avaricia por los bienes materiales, para entonces recibir las abundantes riquezas de Dios. Como bien dice Ernesto Cardenal:

> Las cosas no pueden poseerse, y con ellas estaremos siempre "insaciados." Y esa es la gran angustia del corazón humano, el desear poseer el mundo y no poder poseerlo. Y deseamos poseer el cuerpo humano en el amor, y tampoco él puede nunca poseerse totalmente. Sólo a Dios puede poseerse totalmente.[3]

¿Cómo, pues, debemos vivir?

Los creyentes no oran con la intención de informar a Dios sobre cosas que le pudieran ser desconocidas, o para entusiasmarlo a que lleve a cabo su deber, o para urgirlo como

---

[3] Ernesto Cardenal, *Vida en el amor*, Cuadernos Latinoamericanos, Ed. Lohle, Buenos Aires, 1970, p. 70.

si se mostrara renuente. Todo lo contrario, oran a fin de ser ellos mismos alentados a buscar a Dios, para que puedan poner en práctica la fe al meditar en sus promesas, para que se liberen de sus preocupaciones al derramarlas en su regazo; en una palabra, para que puedan declarar que de él y solo de él esperan todo lo bueno, tanto para ellos mismos como para otras personas. Juan Calvino

Jesús continúa enseñándoles sobre la parábola que acaba de narrar. Quizás varios ya se han ido, no pudiendo soportar las duras palabras de la realidad que Jesús les a presentado. Pero, además de sus discípulos, otros seguramente se han quedado allí, deseando escuchar más, encantados por la sabiduría de Jesús y deseando conocer qué les propondrá hacer para vivir felices y en armonía con su alma y con el Reino de Dios. Entonces Jesús les dice a sus discípulos y seguidores que no se preocupen por su vida. Son las palabras que siguen a la parábola narrada. Las encontramos en el Evangelio de Lucas 12: 22-34 (NVI):

> Luego dijo Jesús a sus discípulos:
>
> —Por eso les digo: No se preocupen por su vida, qué comerán; ni por su cuerpo, con qué se vestirán. La vida tiene más valor que la comida, y el cuerpo más que la ropa. Fíjense en los cuervos: no siembran ni cosechan, ni tienen almacén ni granero; sin embargo, Dios los alimenta. ¡Cuánto más valen ustedes que las aves! ¿Quién de ustedes, por mucho que se preocupe, puede añadir una sola hora al curso de su vida? Ya que no pueden hacer algo tan insignificante, ¿por qué se preocupan por lo demás?
>
> Fíjense cómo crecen los lirios. No trabajan ni hilan; sin embargo, les digo que ni siquiera Salomón, con todo su esplendor, se vestía como uno de ellos. Si así viste Dios a la hierba que hoy está en el campo y mañana

es arrojada al horno, ¡cuánto más hará por ustedes, gente de poca fe! Así que no se afanen por lo que han de comer o beber; dejen de atormentarse. El mundo pagano anda tras todas estas cosas, pero el Padre sabe que ustedes las necesitan. Ustedes, por el contrario, busquen el reino de Dios, y estas cosas les serán añadidas.

No tengan miedo, mi rebaño pequeño, porque es la buena voluntad del Padre darles el reino. Vendan sus bienes y den a los pobres. Proveánse de bolsas que no se desgasten; acumulen un tesoro inagotable en el cielo, donde no hay ladrón que aceche ni polilla que destruya. Pues donde tengan ustedes su tesoro, allí estará también su corazón.

Qué maravilla alcanzar en nuestras vidas, y en compañía de nuestra alma como entusiasta aliada, una vida de sencillez, despojándonos de necesidades superfluas y vanas. Cuánto ganamos en autenticidad y en calidad de vida si logramos una estilo familiar siguiendo confiadamente las enseñanzas de Jesús. Podremos llegar a formar a nuestros hijos en la sencillez de lo esencial, aún cuando estemos presionados por una sociedad de consumo que nos quiere imponer un modelo que nos quita la alegría de lo sencillo, lo auténtico y de una relación íntima con nuestra alma.

Un sueño que me guió a un revelador pasaje bíblico: tenemos un ancla firme y segura

Hace unas noches tuve un sueño en el cual escuchaba una frase que se repetía vez tras vez y que, a su vez, sonaba como una indicación dirigida a mí. La frase que escuchaba era "Hebreos 6". A la mañana siguiente, y antes del acostumbrado devocional compartido con mi esposa, comencé a leer la cita con la que había soñado. Mónica me preguntó por qué leía un pasaje de Hebreos si estábamos siguiendo el libro de Ezequiel. Le conté sobre el sueño, y entonces leímos juntos el capítulo de Hebreos 6.

Mientras lo leía comenzaron a entrarme ciertas dudas sobre si sería un desatino buscarle algún sentido al pasaje siguiendo las indicaciones de un extraño sueño. Sin embargo, continuamos con la lectura compartida: quería llegar hasta el final del capítulo. Entonces sucedió que, al llegar a los últimos versículos, apareció un tema que captó mi atención inmediatamente. Dice esa cita del autor de la carta a los Hebreos:

> LA CERTEZA DE LA PROMESA DE DIOS
>
> *13Cuando Dios hizo su promesa a Abraham, como no tenía a nadie superior por quien jurar, juró por sí mismo, 14y dijo: «Te bendeciré en gran manera y multiplicaré tu descendencia.» 15Y así, después de esperar con paciencia, Abraham recibió lo que se le había prometido.*
>
> *16Los seres humanos juran por alguien superior a ellos mismos, y el juramento, al confirmar lo que se ha dicho, pone punto final a toda discusión. 17Por eso Dios, queriendo demostrar claramente a los herederos de la promesa que su propósito es inmutable, la confirmó con un juramento. 18Lo hizo así para que, mediante la promesa y el juramento, que son dos realidades inmutables en las cuales es imposible que Dios mienta, tengamos un estímulo poderoso los que, buscando refugio, nos aferramos a la esperanza que está delante de nosotros. 19Tenemos como firme y segura ancla del alma una esperanza que penetra hasta detrás de la cortina del santuario, 20hasta donde Jesús, el precursor, entró por nosotros, llegando a ser sumo sacerdote para siempre, según el orden de Melquisedec.* Hebreos 6.13-20 (DHH)

Este pasaje menciona dos promesas que Dios cumplió y que nos traen la seguridad de que no miente, que cumple su palabra y sus promesas, y que por eso podemos confiar en Él. Las dos promesas son, en primer lugar, la que le hizo a Abraham de que sería padre de una nación y que multiplicaría su descendencia. En segundo lugar, la que está en el último versículo del capítulo: que Jesús sería un sumo sacerdote para siempre según el orden de Melquisedec. Estas dos promesas hacen que los hijos de Dios sean los herederos de las promesas que jamás dejan de cumplirse, pues están depositadas en el lugar santísimo, en el mismo cielo donde permanecen para siempre con Jesús como sumo sacerdote.

Tenemos un ancla que nos da seguridad en las promesas de Dios el Padre. Esa ancla, aferrada sólidamente al fondo del mar o de un lago, son las promesas de Dios que se cumplen y continuarán cumpliéndose eternamente. Pero si pensamos en la metáfora del ancla, podemos deducir que el ancla tiene una cadena por medio de la cual se une a la barca a la que mantiene firme. Esa cadena necesita afirmarse en un lugar sólido y seguro de la barca: ese lugar, según el texto bíblico, es el alma. ¿Qué significa esto? Aunque estamos ante un misterio de Dios, podemos sacar algunas conclusiones: el alma cumple una tarea de garantía, pues en ella se depositan las promesas inconmovibles de Dios que nos dan la seguridad de que Él es fiel a su palabra y no nos ha de abandonar. Además, el alma es depositaria de los tesoros más preciosos que Dios reveló al hombre, y se la da para resguardar esos tesoros inconmensurables.

Podemos deducir que, para que se le encomienden semejantes tareas y responsabilidades, el alma debe ser extremadamente confiable y fiel a Dios. ¿Qué más significa el alma en la vida integral del hombre y en los eternos planes de Dios? Si Dios le ha dado tal responsabilidad, ¿cómo descubrimos en este pasaje, cuántas otras funciones misteriosas tiene el alma de parte de Dios para el ser humano? ¿Qué es el alma para que Dios deposite en ella tamaña tarea? ¿Podemos dimensionar su valor incalculable? ¿Aprovechamos la riqueza de sus tesoros? Finalmente, ¿no nos comportamos nosotros en muchas oportunidades como el rico necio? ¿Cómo es posible que vivamos sin atender y amar a nuestra alma?

En el alma se aferran de manera inconmovible las promesas eternas de Dios. ¿No es este un motivo para amar y cuidar del tesoro inconmensurable que es nuestra alma?

Poco tiempo después de escribir lo que antecede, encontré un interesante artículo que menciona que en tiempos recientes se descubrió una de las primeras imágenes que simbolizaban las verdades del cristianismo. Eran pinturas del siglo IV que se hallaron en las Catacumbas de San Calixto de Roma. Estas pinturas representaban un ancla en el centro, acompañada por un pez a cada lado. El texto que acompaña la información sobre el simbolismo de la pintura dice: "El ancla es el símbolo del alma que alcanza el puerto de la eternidad".

3

La habitación nupcial

¿En qué momento llegan a adquirir dos amantes la más completa posesión de sí mismos, sino en aquel en que se proclaman perdidos el uno en el otro? Pierre Teilhard De Chardin

Todos tenemos una habitación vacía en nuestro ser interior: es nuestra alma que espera ser visitada, que desea ser amada. Es que ella fue creada para amar y sobre todo, para amar a Dios. Pero el hombre o la mujer que no consulta con su alma, que no establece contacto con ella y que no busca su dirección, perderá el contacto con la misma. Esta es también una forma de desamor hacia el alma y de la persona hacia sí misma. A partir de esta desconexión con su alma comenzará una búsqueda a ciegas para llenar esa habitación vacía; se guiará por indicios falsos como la propaganda con sus espejitos de colores y sus falsas promesas.

En cambio, la persona con un buen vínculo consigo misma y acompañada y guiada por su alma, conseguirá que ella con toda naturalidad, le vaya mostrando qué caminos debe recorrer para alcanzar la plenitud de su existencia. Pero cuán distinta será la persona desvinculada de su alma, que no tiene en claro "qué" o "a quién" busca, de modo que pronto se quedará sin rumbo y sin brújula, porque no podrá desentrañar qué es lo que realmente desea. Estará condenada a avanzar buscando a tientas el agua que pueda calmar la sed de sentido que le provoca su vacío existencial y la horrorosa carencia de vínculos significativos para su mundo afectivo. Buscará llenar el vacío con esquivos objetivos que la harán sentir frustrada, pues la verdadera y excluyente búsqueda del alma es el amor.

El alma sabe que sólo Dios puede llenar plenamente ese vacío, pues fue creada para amarlo a Él en primer lugar. También fue creada para amar y ser amada en el matrimonio por el esposo o la esposa y por los hijos, como también por otras personas, amigos y compañeros del camino de la vida. Además, si al alma se le permite estar abierta, amará al prójimo, a la naturaleza y a toda la creación, y entonces se mantendrá abierta al mundo y a la vida.

Cuando la persona y su alma aman y son amadas por Dios, la vida se transforma en una celebración del amor que no tiene fin, pues comienza en la tierra y se consumará en el cielo.

DIOS AMA MI ALMA

Dios ama mi alma. Él la acaricia, la besa y la alimenta.
Y mi alma está loca de amor por Él, pero es tímida y no sabe cómo responder a sus besos.

Dios ama mi alma con delicada ternura. Él, que es Señor del universo,
se derrite de amor por ella. Le ofrece
flores, estrellas... y el firmamento entero,
pero a ella le basta sólo Su presencia.
Ella, sólo y únicamente a Él desea.

Mi alma tiene sed de Dios y lo espera quieta y en silencio. A veces le dice tímidamente: "Señor, amado mío, ¿por qué me amas?" Él la mira sonriendo con ternura, la acaricia, y le responde: "Porque eres mía, tú me perteneces. Te he escogido".

Ella no sabe qué más hacer para agradarlo: lo ama entrañablemente, pero su amor la inhibe como a una niña adolescente. Entonces se sonroja y no se atreve a levantar la vista y cruzar con Él una mirada.

Dios es el amor y es el amante, y mi alma es el objeto de su amor eterno que la consume. Ella ya no puede vivir sin su presencia, y le dice entre suspiros: "¡Ven, Señor, ven!", y Él le responde: "Sí, vengo pronto".

¿Cómo logramos que la habitación interior esté habitada?

El amor comprometido, verdadero y perdurable del matrimonio logrará llenar en parte el vacío interior. Ambos, hombre y mujer, sentirán que sus almas estarán habitadas. Experimentarán el placer del amor conyugal, la alegría de la sexualidad madura y plena: en ese encuentro, las almas se fusionarán al amarse. Serán felices y sus almas también, pues ellas fueron creadas para amar y encontrarán el amor profundo y verdadero en el matrimonio. Llegarán los hijos y ellos habitarán también en esa habitación vacía que espera ser llenada por el amor. Los hijos crecerán e irán tomando sus propios caminos en la vida. Como en un soplo, ellos se harán independientes y libres para escoger sus destinos como personas adultas y maduras.

Pero en ese tiempo, mientras el matrimonio se desarrolla y los hijos crecen, en la soledad de la noche, en el momento de recogimiento individual, nuevamente serán visitados por la voz del alma, clamando con ansias por el encuentro con Alguien cuyo amor es aún más profundo que el amor humano. Un amor más pleno, un encuentro que producirá una satisfacción absoluta que colmará con su presencia la habitación interior. Aquella para la que fue creada el alma en última instancia: para el encuentro con Dios, el único que podrá traer la satisfacción completa al alma deseosa de volver a su origen: el verdadero y eterno amor de Dios su creador y su amante.

Como dice Ernesto Cardenal:

> El alma humana nace enamorada. Pero no ve al amado de quien está enamorada, y como hay un reflejo de ese amado en todo lo creado, uno desde que nace tiende a abrazar todas las cosas. El niño tiende sus bracitos ávidos hacia todo lo que ve, y quiere llevar a la boca todo lo que toca, y todo lo quiere tocar y tragar. Después, cuando crece, se abraza a sus juguetes, y ya hombre continuará siempre abrazado a todas las cosas. Pero no se sacia nunca, porque lo que uno abraza no es Dios: a no ser que un día se desprenda de las cosas y abrace a Dios. Pero a Dios sólo se le encuentra en la nada, Allí donde ya no hay cosas está Dios. Sólo a Dios puede poseerse totalmente.[1]

El *Cantar de los Cantares* interpreta la pasión de Dios y el alma de sus hijos

Es correcto interpretar el libro del *Cantar de los Cantares* como un canto al amor entre el hombre y la mujer, el amor humano en su mejor expresión del amor comprometido en la persona integral del hombre y la mujer. Por su parte, el pueblo judío siempre interpretó que es un libro que expresa el amor de Dios por Israel,

---

[1] Ernesto Cardenal, *Vida en el amor*, Lohle, Buenos Aires, 1970, p. 69-70.

su pueblo escogido, y esta también es una interpretación apropiada.

El escritor cristiano Watchman Nee, en su libro de comentarios sobre libro bíblico sapiencial del *Cantar de los Cantares*, afirma que este libro se interpreta a la luz del Nuevo Testamento como un canto de amor entre Cristo y el alma de sus hijos que conforman la iglesia, la novia de Jesús. La Iglesia será desposada luego de la segunda venida de Jesucristo; será arrebatada para realizar las bodas del Cordero, esto es, Cristo con su amada, la Iglesia de fieles, la iglesia universal, la novia por la cual Jesús entregó su vida.

Citemos algunos bellos pasajes del *Cantar de los Cantares* sobre el amor de Dios por el alma de sus hijos que conforman la iglesia, como la alabanza del Rey (Jesús): *"He aquí que tú eres hermosa, amiga mía; he aquí eres bella: tus ojos son como palomas."* (Cnt. 1:15). Y la respuesta de la Doncella (el alma): *"He aquí tu eres hermoso, amado mío, y dulce, nuestro lecho es de flores."* (Cnt. 1:16-2:1).

La habitación nupcial interior en la parábola de las diez vírgenes

Parábola de las diez vírgenes

¹Entonces el reino de los cielos será semejante a diez vírgenes que tomando sus lámparas, salieron a recibir al esposo.

²Cinco de ellas eran prudentes y cinco insensatas.

³Las insensatas, tomando sus lámparas, no tomaron consigo aceite;

⁴mas las prudentes tomaron aceite en sus vasijas, juntamente con sus lámparas.

⁵Y tardándose el esposo, cabecearon todas y se durmieron.

⁶Y a la medianoche se oyó un clamor: ¡Aquí viene el esposo; salid a recibirle!
⁷Entonces todas aquellas vírgenes se levantaron, y arreglaron sus lámparas.
⁸Y las insensatas dijeron a las prudentes: Dadnos de vuestro aceite; porque nuestras lámparas se apagan.
⁹Mas las prudentes respondieron diciendo: Para que no nos falte a nosotras y a vosotras, id más bien a los que venden, y comprad para vosotras mismas.
¹⁰Pero mientras ellas iban a comprar, vino el esposo; y las que estaban preparadas entraron con él a las bodas; y se cerró la puerta.
¹¹Después vinieron también las otras vírgenes, diciendo: ¡Señor, Señor, ábrenos!
¹²Mas él, respondiendo, dijo: "De cierto os digo, que no os conozco.
¹³Velad, pues, porque no sabéis el día ni la hora en que el Hijo del Hombre ha de venir". Mateo 25:1-13 (RVR1960)

La parábola de las diez vírgenes, está relacionada con la segunda venida del Señor a la tierra a arrebatar a su prometida, la Iglesia de Cristo. Esto lo podemos deducir por las palabras de Jesús citadas en el versículo 25:13, frase con la cual culmina la enseñanza de la parábola y remata el concepto principal: Jesús viene a buscar a la Iglesia y a cada uno de sus miembros para celebrar las Bodas del Cordero, para vivir por la eternidad unidos en amor. Los que no estén esperando ese momento, con el alma preparada para ese evento y listos para ser arrebatados, no entrarán a la celebración de la fiesta del Cordero:

¹²Mas él, respondiendo, dijo: "De cierto os digo, que no os conozco.

Velad, pues, porque no sabéis el día ni la hora en que el Hijo del Hombre ha de venir."

En la parábola hay diez jóvenes vírgenes que esperan al esposo con sus lámparas encendidas. Cinco de ellas son precavidas y tienen sus lámparas rebosantes de aceite, y las otras cinco tienen escaso aceite para esperar a su esposo con la lámpara encendida. Es el amor el que las motiva a tener sus lámparas encendidas y el único combustible que las hace esperar con ansias el momento del encuentro con el amado.

Dice Ernesto Cardenal:

> Pasiones, apetitos, afectos, instintos y todas las ansias del corazón humano son el combustible del amor a Dios. En realidad todo el ser humano es combustible. Y el amor con que Dios corresponde al alma es como echar gasolina en un incendio. Porque cuando uno se siente amado por la persona amada, uno ama más, y nada enciende tanto el amor como saberse amado por el amado, y cuando uno enciende más el amor en el amado uno enciende también más el amor en uno mismo. Cuando uno piensa en lo que ama, ama más, y cuanto más ama más piensa en lo que ama, hasta que uno es una sola llama de amor.
>
> Todas las células de nuestro cuerpo, todas las partículas de nuestro ser, son nupciales, porque nosotros hemos sido creados para unas nupcias. Todo lo que Freud llama la "libido" es el aceite de las lámparas de las vírgenes prudentes esperando al esposo.
>
> Quien ha estado alguna vez locamente enamorado puede comprender el amor divino. El amor humano

y el divino son el mismo; sólo el objeto del amor es distinto. Y la vida espiritual es sólo cuestión de amor.[2]

Las diez vírgenes representan a toda la iglesia que espera la venida de Jesús para unirse en matrimonio, pero individualmente, cada una de las jóvenes vírgenes son el alma de cada hijo de Dios esperando ese acontecimiento que se realizará en las Bodas del Cordero. Y la clave de la espera es el amor, la llama que mantiene vivo el fuego de la pasión y del encuentro.

En las Bodas del Cordero sólo será recibida el alma que espera a su amado

Jesús volvió a hablarles en parábolas, y les dijo: "El reino de los cielos es como un rey que preparó un banquete de bodas para su hijo. Mandó a sus siervos que llamaran a los invitados, pero éstos se negaron a asistir al banquete. Luego mandó a otros siervos y les ordenó: "Digan a los invitados que ya he preparado mi comida: Ya han matado mis bueyes y mis reses cebadas, y todo está listo. Vengan al banquete de bodas." Pero ellos no hicieron caso y se fueron: uno a su campo, otro a su negocio. Los demás agarraron a los siervos, los maltrataron y los mataron. El rey se enfureció. Mandó su ejército a destruir a los asesinos y a incendiar su ciudad. Luego dijo a sus siervos: "El banquete de bodas está preparado, pero los que invité no merecían venir. Vayan al cruce de los caminos e inviten al banquete a todos los que encuentren." Así que los siervos salieron a los caminos y reunieron a todos los que pudieron encontrar, buenos y malos, y se llenó de invitados el salón de bodas.

Cuando el rey entró a ver a los invitados, notó que allí había un hombre que no estaba vestido con el traje de

---

[2] *Ibíd.*, p. 101.

*boda. "Amigo, ¿cómo entraste aquí sin el traje de boda?",
le dijo. El hombre se quedó callado. Entonces el rey dijo a
los sirvientes: "Átenlo de pies y manos, y échenlo afuera,
a la oscuridad, donde habrá llanto y rechinar de dientes."
Porque muchos son los invitados, pero pocos los escogidos.* Mateo 22:1-14 (NVI)

En la parábola del banquete de bodas Jesús deja en claro que allí entrarán solamente quienes hayan esperado en Dios. Las Bodas del Cordero no será una celebración en que participarán las personas que han sido importantes e influyentes durante su vida terrena, las que han alcanzado renombre o hayan conseguido fama y dinero. No será tampoco la celebración de los poderosos. Todos ellos han amado demasiado la vida terrenal y no han sabido esperar en Dios ni ansiarlo con el alma. Por eso no estarán preparados en su corazón para la celebración del encuentro con el novio esperado. En su ser interior no hay una habitación vacía lista para ser habitada por el amado de sus almas. Es que ellos han amado los bienes terrenales y pasajeros. Han llenado la habitación de objetos que satisfacen sólo momentáneamente, pero que no llenan la profundidad del amor del alma. No han dejado espacio para ser llenado por el amor de Jesús. Esa alma llena ya no puede ser habitada. Jesús es el prometido del alma, el único que satisface todas las expectativas del verdadero amor.

Los primeros invitados son como las vírgenes que se quedaron sin aceite y no están capacitados para participar en una fiesta del mutuo amor entre Dios y sus verdaderos hijos. Ellos son los que rechazaron la invitación a las bodas porque tenían cosas importantes que hacer, porque estaban ocupados con citas previas, conferencias que dar, decisiones importantes que tomar. Y en eso se les fue la vida.

En contraste, aquellos cuya única expectativa estaba puesta en permitir que la habitación nupcial de su alma se una con el verdadero amor –el que satisface todas sus expectativas– serán bienvenidos y recibidos con todas los honores y recibirán el amor que esperaban con ansias y que les había sido prometido.

Quienes no hayan preparado su alma para recibir al Amado y los que hayan llegado sin aceite para mantener la luz encendida y sin la vestimenta apropiada para la boda no serán aceptados en las Bodas del Cordero con su amada la Iglesia de Cristo, y serán expulsados de la celebración.

Un pasadizo secreto de Dios a la habitación del alma

SALMO 46
¹Dios es nuestro amparo y nuestra fortaleza,
nuestra ayuda segura en momentos de angustia.
²Por eso, no temeremos
aunque se desmorone la tierra
y las montañas se hundan en el fondo del mar;
³aunque rujan y se encrespen sus aguas,
y ante su furia retiemblen los montes.
⁴Hay un río cuyas corrientes alegran la ciudad de Dios,
la santa habitación del Altísimo.
¹⁰«Quédense quietos, reconozcan que yo soy Dios.
¡Yo seré exaltado entre las naciones!
¡Yo seré enaltecido en la tierra!»
¹¹El SEÑOR Todopoderoso está con nosotros;
nuestro refugio es el Dios de Jacob.

Este bello Salmo fue escrito después del año 712 aC. Los habitantes de Jerusalén habían construido un conducto subterráneo para introducir agua potable de un manantial proveniente de las afueras de la ciudad como suministro secreto en caso de ser sitiados por los enemigos. Justamente el río que menciona este Salmo es un símbolo de gozo y seguridad para el pueblo judío por haber sido liberados del asedio de los asirios durante el reinado de Senaquerib.

El pueblo confiaba en Dios porque tenía la provisión de agua necesaria para sobrevivir a los ataques del enemigo de turno que, mediante el recurso de cortar el suministro de agua a la ciudad, podía obtener una fácil victoria, pues la ciudad de Jerusalén no tenía su fuente propia. Pero por razón de este pasadizo secreto con un conducto que llevaba agua fresca y potable a la ciudad, se sentían fuertes y seguros.

Es un Salmo que denota cierta euforia en la confianza que siente el pueblo protegido por Dios. Parecen decir: "No importa el peligro que venga, Dios está con nosotros y es nuestra ayuda segura en tiempos de angustia. Por eso no temeremos". Los primeros versículos describen la embestida de naciones poderosas a través de la imagen de catástrofes naturales:

> *¹Dios es nuestro amparo y nuestra fortaleza,*
> *nuestra ayuda segura en momentos de angustia.*
> *²Por eso, no temeremos*
> *aunque se desmorone la tierra*
> *y las montañas se hundan en el fondo del mar;*
> *³aunque rujan y se encrespen sus aguas,*
> *y ante su furia retiemblen los montes.*

En el versículo 4 se describe cuál es la clave de esta seguridad que embarga de alegría a toda la ciudad de Jerusalén:

> *⁴Hay un río cuyas corrientes alegran la ciudad de Dios,*
> *la santa habitación del Altísimo.*

Es muy bella la figura de ese río secreto que fluye hacia el interior de la ciudad y llega a "la santa habitación del Altísimo". En Jerusalén habitaba el Dios Altísimo.

El Templo de Jerusalén es su morada, su vivienda más íntima en el Antiguo Pacto.

La versión judía *"Séfer Tehilim"* comenta sobre este versículo: *"Ierusaláim será como un río de tranquilidad, un oasis en medio de la alteración que dominará al mundo".*

Es una bella figura de la seguridad y de la intimidad que disfruta Dios el Altísimo al habitar en "la santa habitación". El agua es la provisión indispensable para la vida; sin agua no hay vida, y particularmente en el caso de la ciudad de Jerusalén, en donde se conoce un dicho popular que expresa: *"En Jerusalén se trata todo de agua. Si tú puedes conservarla, preservar el agua, puedes vivir aquí. Y si no, estás en problemas."*

Los que amamos al Señor Jesús asociamos ese río con las corrientes de agua del Espíritu Santo. El agua que la mujer samaritana pudo beber cuando se encontró con Jesús junto al pozo de Jacob. El agua de vida que calmó definitivamente su sed (San Juan 4). ¡Qué bello pensar que, así como Jerusalén contaba con un refugio secreto para obtener agua en circunstancias dramáticas y de peligro para toda la población, de la misma manera cada creyente en Cristo, lleno del Espíritu Santo, tiene en su interior una fuente de poder inagotable de la cual fluyen ríos de agua de vida! Y en la medida que permitimos que este río corra en nuestro interior y a través de nosotros, podemos ser saciados y confortados por el amor de Dios.

Mientras vivimos esta vida, si estamos en Cristo podemos tener una comunicación permanente con Dios a través de "un pasadizo secreto" que lleva a nuestro Amado a la habitación nupcial donde podemos encontrarnos con Él. Allí está la esencia de nuestro ser, el lugar más íntimo, nuestra alma, y también allí nos visita Dios, el esposo esperado, al cual el alma del Hijo de Dios siempre anhela unirse ocasionalmente en esta vida terrena, pero esperando la unión definitiva y completa en las Bodas del Cordero al final de los tiempos.

La gran noticia es que si bien esperamos con ansias la unión con el amado en el cielo, podemos disfrutar ahora de ese amor e intimidad en este tiempo porque ya hemos recibido la vida eterna y disfrutamos de sus cualidades, aunque todavía no plenamente como la gozaremos en el cielo. Ya podemos gozar de la presencia del Amado con nosotros en la dimensión más íntima y más recóndita de nuestro ser. Allí estamos a solas con nuestro Amado y nos visita cuando Él lo dispone. A nosotros nos corresponde preparar nuestro corazón y nuestra alma de manera fecunda y receptiva, deseándolo y esperándolo con ansias para disfrutar de su presencia y de su infinito y tierno amor.

Cuando Jesús vino al mundo proclamó que el Espíritu Santo vendría y que gozaríamos de su presencia, que haría que en nuestro interior corrieran ríos de agua viva como la que corría por la ciudad de Jerusalén en el momento en que se escribió este Salmo de victoria y alabanza a Dios. Pero el agua a la que Jesús se refería era un agua mucho más pura, rica y abundante, y un agua que calmaría nuestra sed para siempre

> *En el último día, el más solemne de la fiesta, Jesús se puso de pie y exclamó:*
> *—¡Si alguno tiene sed, que venga a mí y beba! De aquel que cree en mí, como dice la Escritura, brotarán ríos de agua viva.*
> *Con esto se refería al Espíritu que habrían de recibir más tarde los que creyeran en él.* Juan 7:37-39a (NVI)

En los pasajes siguientes del Salmo 46 hay una descripción de los males que pueden sobrevenir sobre la ciudad de Jerusalén. Sin embargo, no hay alarma sino confianza, pues Dios está en la ciudad y ella está protegida por un pasadizo secreto que provee de agua a toda la población. Dios ha puesto fin a las guerras y ya no hay peligro. Dios ha quebrado los arcos y destrozado las lanzas y arrojado los carros de guerra al fuego.

Continúa el Salmo:

> [5]*Dios está en ella, la ciudad no caerá;*
> *al rayar el alba Dios le brindará su ayuda.*
> [6]*Se agitan las naciones, se tambalean los reinos;*
> *Dios deja oír su voz, y la tierra se derrumba.*
> [7]*El* SEÑOR *Todopoderoso está con nosotros;*
> *nuestro refugio es el Dios de Jacob.*
> [8]*Vengan y vean los portentos del* SEÑOR*;*
> *él ha traído desolación sobre la tierra.*
> [9]*Ha puesto fin a las guerras*
> *en todos los confines de la tierra;*
> *ha quebrado los arcos, ha destrozado las lanzas,*
> *ha arrojado los carros al fuego.*

En los versículos 10 y 11 se expresa el bello pensamiento que ya hemos mencionado en otras oportunidades en este libro: "Estad quietos, y reconoced (o conoced) que yo soy Dios". El ser humano no debe atribularse, vivir en angustia, sino estar quieto y confiado y guardar silencio delante de Dios, pues nuestro Señor es el verdadero y único Dios en quien podemos descansar.

Pero no solamente a nivel individual podemos estar en paz y descanso: los versículos siguientes continúan diciendo que Dios será reconocido y exaltado en toda la tierra. Él es nuestro refugio y seguridad. Toda la tierra lo reconocerá. Esta es una visión profética que anticipa la venida del Mesías, Jesús, para traer el

Reino de Dios consigo, el cual es extendido a todas las naciones del mundo.

> *¹⁰"Quédense quietos, reconozcan que yo soy Dios.*
> *¡Yo seré exaltado entre las naciones!*
> *¡Yo seré enaltecido en la tierra!"*
> *¹¹El Señor Todopoderoso está con nosotros;*
> *nuestro refugio es el Dios de Jacob.*

Al finalizar el Salmo, queda la promesa de seguridad pues el Señor Todopoderoso está con nosotros y es nuestro permanente refugio.

Prosa y poesía dedicadas al amor entre el Esposo y el alma

La poesía, el símbolo y la metáfora son lenguajes del alma. A través de la historia la iglesia fue dejando una rica herencia de escritos místicos que ensalzan el vínculo amoroso de Dios con el hombre y la mujer redimidos y amados por Él. Este género literario está dedicado al amor de Dios y su pueblo. También abarca y exalta el amor del hombre y la mujer unidos entre sí según el propósito de Dios al crearlos, con todos sus componentes de pasión, amistad y sexualidad, el sentimiento de complementariedad y la entrega mutua. Esta literatura singular fue iniciada por inspiración divina en el libro sapiencial del *Cantar de los Cantares* en el Antiguo Testamento, y afirmada con la venida de Cristo, quien entregó su vida por su amada: la Iglesia.

El cristianismo ha escrito extensamente poesías de amor del alma con su amado Jesús, quien prometió que en su segunda venida al mundo arrebatará a su Iglesia con quien se desposará al final de los tiempos. Mientras tanto disfrutamos del amor de Jesús, el amante que visita el alma de cada creyente que lo espera y lo desea con profunda sed espiritual y amor por el Señor de su vida, y recibe su visita en la intimidad más recóndita de su persona.

EUCARISTÍA

> *Te vaciaste todo*
> *Sin retener nada para Ti.*
> *Ya desnudo, total despojo,*
> *Te nos das hecho pan*
> *Que sostiene*
> *Y vino que reconforta.*
> *Eres Luz y Verdad*
> *Camino y Esperanza*
> *Eres Amor*
> *¡Crece en nosotros, Señor!*
> Julia Esquivel[3]

Dios está más cerca de nosotros que nuestra propia alma

Vi con total certeza que es más seguro y más fácil llegar a conocer a Dios, que conocernos a nosotros mismos.

Porque nuestra alma está tan profundamente asentada en Dios, y con un valor tan sin fin, que no podemos esperar conocerla, si primero no conocemos a Dios, nuestro Creador, a quien estamos unidos.

---

[3] Julia Esquivel, nació en Guatemala en 1930. Teóloga y poetisa, graduada por el Seminario Bíblico Latinoamericano, su poesía está influenciada por la teología de la liberación.

Dios está más cerca de nosotros que nuestra propia alma. Porque Dios es fundamento y es la razón por la que nuestro ser esencial y nuestra carne están unidos de tal modo que nunca podemos ser divididos.

Nuestra alma mora en Dios, y en él descansa; y está en Dios, su verdadera fortaleza; y se arraiga en Dios, que es su eterno amor.

Entonces, si deseamos llegar a conocer nuestro propio espíritu, si deseamos estar en comunión con él, debemos buscarlo en Dios, que es quien nos circunda.

Vi con certeza que nuestro anhelo estará acompañado de pesar, hasta que, guiados profundamente en Dios, conoceremos en verdad nuestra propia alma.

Nuestro Señor mismo nos conduce a estas excelsas profundidades, con el mismo amor con el que nos ha creado y nos ha salvado, por la misericordia y la gracia que nos obtuvo con su muerte.

Y nunca conoceremos plenamente a Dios, hasta que nosotros mismos lleguemos a conocernos cabalmente.

Porque nuestra alma alcanza su pleno auge cuando nuestra carne ha sido elevada al nivel esencial, por virtud de la muerte de Cristo; y cuando ha sido enriquecida por los trabajos que Dios nos envía, por su misericordia y su gracia.

Y todo será bien, todo será para bien.

Juliana de Norwich[4]

---

[4] Juliana de Norwich, inglesa, nació en 1342 y falleció en 1416. Fue una de las más grandes escritoras místicas cristianas de Inglaterra. Es venerada por

TANTO, SEÑOR

Tanto quererte en los reflejos.
¡Tanto amarte!
Tanto soñarte en los destellos,
tanto desearte en mis sequedades
entre un verano y otro,
entre esta luna y este sol,
como el venado perdido
en la espesura del bosque,
entre estrechos andurriales.

Y tanto pensarte, oh Señor,
y tanto buscarte rendido,
como cargado peregrino
con las angustias del ser,
y con tu costado herido,
tú, oh Señor, que obediente
conoces mi destino,
que pueda tener de tu pan
y del vino nuevo beber
como nos has prometido.

¡Tanto meditarte!
en el oleaje del lienzo arrugado
de mis emociones, tanto recibirte en el agua
tranquila
que copia la nube que pasa,
beberte en el vino reposado
mientras vives con la lluvia que avanza

---

la Iglesia de Inglaterra, la Iglesia Luterana y la Iglesia Católica Romana. Se le dedicó una estatua en el pórtico de la catedral anglicana de Norwich.

*entre abiertos peñascales
que en abril se cubren de esperanza.*

*¡Tanto amarte sin cansarme!
Tanto cantarte sin aburrirme,
¡y tanto que me falta,
mi Dios, en alabarte!*

Hugo Zorrilla[5]

"CÁNTICO" - CANCIÓN 38

*¡Oh llama de amor viva,
que tiernamente hieres
de mi alma en el más profundo centro!,
pues ya no eres esquiva,
acaba ya, si quieres;
rompe la tela deste dulce encuentro.*

*¡Oh cauterio suave!,
¡oh regalada llaga!,
¡oh mano blanda!, ¡oh toque delicado,
que a vida eterna sabe
y toda deuda paga!,
matando muerte, en vida la has trocado.*

*¡Oh lámparas de fuego,
en cuyos resplandores
las profundas cavernas del sentido,
que estaba oscuro y ciego,
con extraños primores
calor y luz dan junto a su querido!*

---

[5] Hugo Zorrilla, poeta colombiano nacido en 1940. Actualmente continúa con su tarea de escritor.

¡Cuán manso y amoroso
recuerdas en mi seno,
donde secretamente, solo, moras;
y en tu aspirar sabroso,
de bien y gloria lleno,
cuán delicadamente me enamoras!

San Juan de la Cruz[6]

---

[6] San Juan de la Cruz nació en Avilés, España, en 1542 y murió en 1591. Fue un religioso y poeta místico del Renacimiento español reformador de la Orden de los Carmelitas y cofundador de la Orden de Carmelitas Descalzos. Desde 1952 es el patrono de los poetas en lengua española.

4

Un cántico del alma: Salmo 131

SALMO 131 SALMO DE DAVID

¹Jehová, no se ha envanecido mi corazón, ni mis ojos se enaltecieron;
Ni anduve en cosas grandes,
Ni en cosas extraordinarias que están fuera de mi alcance.

²En verdad que me he comportado y he acallado mi alma
Como un niño destetado de su madre;
Como un niño destetado está mi alma.

³Espera, oh Israel, en Jehová,
Desde ahora y para siempre. (VRV1960)

Los Salmos expresan el lenguaje del alma dirigidos a Dios

Los Salmos son una bella expresión del ser interior, son un clamor del ser humano que brota desde el fondo del alma para ser presentado ante Dios. En ellos encontramos expresiones de júbilo, también de confesión; participamos con ellos en adoración y gratitud a Dios. En otros momentos solicitan ayuda en tiempos difíciles, de protección y cuidado en medio de las tormentas de la vida, y también de perdón en tiempos de pruebas y de arrepentimiento personal y colectivo.

Dice Juan Calvino (1509-1564) en el prefacio de su comentario a los Salmos:

> Este libro es como la anatomía de todas las partes del alma. Es como un espejo universal: no se puede encontrar todo el ser ni un afecto cuya imagen no haya de hallarse reflejada en este espejo. Nos muestra a nosotros mismos alabando o maldiciendo, amando o aborreciendo. Todo hombre que preste atención podrá oír su propia voz. A veces respondiendo en la clave menor de un sollozo de arrepentimiento. Otras, en la clave mayor y con toda la fuerza de su deseo hacia Dios.[1]

El religioso y escritor brasileño Leonardo Boff comenta en un artículo de su blog, que él titula con acierto y poesía "Los Salmos: anatomía del alma humana":

> Los Salmos constituyen una de las formas más elevadas de oración que ha producido la humanidad. Millones y millones de personas, judíos, cristianos y religiosos de todas las tradiciones, cada día recitan y cantan salmos.
>
> Un judío, por ejemplo, rodeado de hijos, era empujado hacia las cámaras de gas en Auschwitz. Sabía que caminaba hacia la muerte y aún así iba recitando en voz alta el salmo 23: "El Señor es mi pastor… Aunque vaya por la sombra del valle de la muerte, ningún mal temeré porque Tú estás conmigo". La muerte no rompe la co-

---

[1] Walter T. Bevan, *Salmos Tomo I*, Librería Editorial Cristiana, Buenos Aires, 1976, p. 14.

munión con Dios. Es paso, aunque doloroso, hacia el gran abrazo infinito de la paz.

Por el hecho de revelar nuestra autobiografía espiritual, los Salmos representan la palabra del ser humano a Dios y, al mismo tiempo, la palabra de Dios al ser humano. El salterio ha servido siempre como libro de consolación y fuente secreta de sentido, especialmente cuando irrumpe en la humanidad el desamparo, la persecución, la injusticia y la amenaza de muerte.

Confiando en Dios como un niño

El Salmo 131 es un salmo en el que canta el alma (en este caso, el alma del rey David) pero es también expresión de todas las personas que creen en Dios y que quieren vivir la vida con la sencillez de un niño, dándose el tiempo necesario para apreciar lo que la vida ofrece. ¿Y qué es lo que la vida ofrece? Por una parte ofrece riquezas, poder, fama, reconocimiento. ¿Pero es esto lo que el alma del salmista está deseando? ¡Seguramente que no, aunque el rey David tenía todo eso! Lo que en realidad desea el salmista es precisamente lo contrario: quiere experimentar la intimidad con Dios con la sencillez de un pequeño que está en brazos de su madre.

Este Salmo expresa el sentir de una persona que quiere satisfacer a su alma, librándola de vanos deseos que sólo llevan a la preocupación de la vida... y por caminos equivocados. Si podemos, con la bendición de Dios, acallar y satisfacer nuestra alma, lograremos el descanso y el reposo de todo nuestro ser, de la misma manera que una madre tranquiliza a su hijo pequeño que alimenta de su pecho, luego de lo cual queda satisfecho y tranquilo, dormido y relajado.

Henri Nouwen nos advierte que debemos tener especial cuidado de nuestras almas pues perder el alma es el gran peligro del ser humano en estos tiempos. ¿Por qué nos advierte del peligro de perder nuestra alma? Porque, condicionados por una cultura materialista, estamos alejándonos de nuestro ser interior y vivimos sólo en la superficie. Dice así:

Cuidar de nuestras almas

El gran peligro en la confusión del fin de los tiempos que estamos viviendo es perder nuestra alma. Esto significa perder contacto con nuestro centro, con nuestro verdadero llamado en la vida, con nuestra misión, con nuestra tarea espiritual. Perder el alma significa llegar a estar tan distraídos y preocupados por todo lo que está sucediendo a nuestro alrededor que terminemos fragmentados, confundidos y desorientados. Jesús tiene plena conciencia de este peligro. Dice: "Mirad, no os dejéis engañar. Porque vendrán muchos usurpando mi nombre y diciendo: Yo soy, y el tiempo está cerca. No los sigáis" (Lucas 21:8).

En medio de los tiempos ansiosos hay muchos falsos profetas, que prometen todo tipo de "salvaciones". Es importante que seamos discípulos fieles de Jesús, no perdiendo contacto con nuestro verdadero yo espiritual.[2]

Versículo I

Jehová, no se ha envanecido mi corazón,
ni mis ojos se enaltecieron;
Ni anduve en grandezas,
Ni en cosas demasiado sublimes para mí.

---

[2] Henri Nouwen, *Pan para el viaje*, Lumen, Buenos Aires, 1998, p. (s/n) meditación del día 11 de septiembre.

El autor del salmo quiere diferenciarse de aquellos que viven para satisfacer su propia visión egoísta. Esta actitud nunca lleva a la satisfacción en la vida, no complace finalmente a la persona que así vive, no complace al alma que busca otros caminos para la vida, y no complace a Dios que desea otro destino para el hombre y la mujer, creados por Él para su realización plena transitando otras sendas.

No se ha envanecido mi corazón...

La persona que tiene un corazón orgulloso es aquella que está centrada en sí misma, que confía en sus propias fuerzas, y pone su voluntad en primer lugar. Lo que él o ella desean, debe ser cumplido. Pero aquí hay una trampa cruel para esa persona: nunca está satisfecha, y su incansable búsqueda de imponer su voluntad ante sí misma y ante los deseos de los demás, no se acaba nunca y cada vez es mayor su insatisfacción y su vacío.

Ni son altaneros mis ojos...

El que tiene ojos altaneros se considera superior y por encima de los demás, pues prioriza sus deseos por sobre el deseo de los que lo rodean. Tiene los ojos de alguien que se puso a sí mismo (y a su ego) por encima de los demás, está como si se hubiera ubicado en un pedestal. Sus ojos están enaltecidos: son altaneros, es decir se colocan en un lugar más alto en relación con los demás.

Alguien que se considera tan importante, ¿es feliz? ¿Puede estar satisfecho? No, no puede pues su actitud nace de la misma insatisfacción de necesitar siempre ser consentido; en el fondo es alguien con una poderosa frustración, un vacío que quiere llenar con compensaciones externas, ya sean halagos u objetos materiales. Es un sediento que quiere calmar su sed con agua del mar; mientras más agua toma, más sed tiene. Dice la Biblia que quienes son así, son como cisternas rotas que no pueden retener el agua, y que al final quedan siempre vacías por dentro y nunca sacian su sed. Dios dice de su pueblo infiel: *"Dos son los pecados que ha cometido mi pueblo: Me han abandonado a mí, fuente de agua viva, y han cavado sus propias cisternas, cisternas rotas que no retienen agua."* (Jer. 2:13, NVI).

> *Ni anduve en cosas grandes, ni en cosas extraordinarias que están fuera de mi alcance.*

Quienes andan en cosas grandes y extraordinarias que están fuera de su alcance no pueden alcanzar la paz interior, pues ella nace del encuentro íntimo de la persona consigo misma, con su alma y, sobre todas las cosas, con Dios. No hace falta lo grandilocuente (ni Dios ni el alma lo esperan) sino lo modesto, lo sencillo de un corazón reconciliado. Dios ama al humilde y lo favorece en sus caminos.

Nuestras posibilidades de realización están en la aceptación de nosotros mismos como somos y en aceptar, celebrar y poner en función de los demás nuestras virtudes y capacidades, sean grandes o pequeñas. Esto es más sencillo y agradable, pero la tarea que no es tan sencilla es la de aceptar e integrar nuestras sombras a la totalidad de nuestra personalidad. Nuestras zonas oscuras son aquellos aspectos tales como las heridas del pasado, los aspectos reprimidos y negados, las áreas de nuestra persona que menos nos gustan, lo que desechamos y no queremos ver de nosotros mismos porque nos avergüenza. Entonces echamos todos estos aspectos a la sombra de nuestro ser interior, en un espacio en el que creemos que serán olvidados y escondidos de nosotros mismos y de los demás. El problema es que eso no ocurre, pues no por no reconocerlos dejan de actuar en nuestro ser, sino que por el contrario lo hacen... y de manera aún más poderosa. ¿Por qué? Precisamente porque necesitan ser escuchados y reconocidos y, mientras más los neguemos, con mayor fortaleza actuarán, distorsionando lo que idealizamos, lo que queremos ser, e impidiéndonos la aceptación de quiénes realmente somos.

Aprender a desear una sola cosa

En cuanto a la frase bíblica que analizamos: "*Ni anduve en cosas grandes, ni en cosas extraordinarias que están fuera de mi alcance.*", debemos reflexionar que es muy importante poner en nuestra consideración qué es lo que realmente deseamos de la vida, y qué es lo que desea nuestra alma. Recordemos al alma triste del rico necio: éste eligió ir tras "cosas grandes y extraordinarias" que pudieran "traer alegría y seguridad al alma" (eso fue lo que le comunicó a ella). Esa es la historia del fracaso de un hombre ante la vida y ante su alma. La acumulación de dinero y las riquezas no traen alegría a la persona y mucho menos al alma. El alma se alegra en pequeñas cosas de la vida en el contexto de la intimidad, de la amistad, del placer de lo sano, de lo verdadero y de lo que la conduce a Dios. Debemos aprender a desear sólo el bien.

Sören Kierkegaard, en su bello y profundo libro *La pureza del corazón es querer una sola cosa*, dice:

> Contemplado en sus extremos, aquello que consideramos placer, ¿no es por ventura desagrado? El honor terrestre en su vertiginosa cima, ¿qué es sino menosprecio de lo existente? ¿Qué son las riquezas, su gran superabundancia, sino pobreza? ¡Pues por abundante que sea el logro terrenal amontonado por el codicioso, está a una distancia infinita de aquella mínima satisfacción oculta en el contentamiento del pobre! ¿No es la omnipotencia mundana por ventura sólo dependencia? ¡El esclavo encadenado carece de libertad al igual que el tirano!... Cuando el miserable ha reunido todo el oro del mundo sórdidamente, en tal caso se ha

convertido en pobre. Cuando el amante entrega la totalidad de su amor, lo retiene entero en la pureza de su corazón. Si se quiere de verdad una sola cosa, esto que quiere debe permanecer inalterado a través de todos los cambios, de modo que al quererla llega a conquistar la inalterabilidad. Si cambia de continuo, en tal caso está él mismo cambiando, irresoluto e inestable. Y este cambio continuo no es otra cosa que impureza.[3]

Versículo 2

En verdad que me he comportado y he acallado mi alma
Como un niño destetado de su madre;
Como un niño destetado está mi alma.

En este bello versículo aparece el alma en su plenitud. Aquí está descrito lo que realmente hace feliz al alma, es decir, lo que conduce a esa persona a la realización plena, lo vinculado a lo que realmente constituye lo mejor de la vida de la persona sabia y verdaderamente feliz. La necesidad de satisfacer el ego lleva al ser humano a tener un ego cada vez más gigantesco al que necesita alimentar permanentemente, y aún así no se satisface nunca. Este es un camino que lleva a la continua frustración. En este caso el alma está arrumbada y reprimida en el fondo de una celda que la persona ha creado en el curso de su vida al transitar caminos equivocados, desoyendo la voz amorosa del alma que es a la vez sabia y poderosa. Ella está queriendo mostrarle el verdadero camino que está preparado por Dios especialmente para cada persona, un modo de ser de cada individuo único e irrepetible.

---

[3] Sören Kierkegaard, *La pureza del corazón es querer una sola cosa*, La Aurora, Buenos Aires, 1979, pp. 70-71.

En verdad que me he comportado he acallado mi alma...

El salmista David dice: "en verdad me he comportado y he acallado mi alma" (los sinónimos de la palabra "comportar" son sufrir, tolerar, sobrellevar). Es decir que ha dejado a su alma en paz, pues él mismo está satisfecho y en paz con Dios, ya que ha enfrentado las dificultades de la vida y de su ser interior con paciencia y longanimidad. Es una persona que tiene templanza y ha alcanzado la paz interior. Esa persona no sólo vive en relación permanente con su alma sino también con Dios. Conforman una bendita unidad que descansa y permanece en paz.

¿Cómo lo ha logrado? ¿Cómo ha alcanzado completa satisfacción y a la vez a acallado su alma? Lo logró haciendo precisamente lo contrario de lo que hizo el necio del versículo 1 de este mismo Salmo: no yendo tras cosas grandes y extraordinarias que están fuera de su alcance. La persona sabia comienza este versículo diciendo "en verdad", es decir que, tomando el tema como una prioridad en la vida, verdaderamente, con ahínco, con toda la intención, ha buscado la satisfacción por el camino correcto, por el camino que le fue indicando su alma.

La versión bíblica *Dios habla hoy* dice: "Al contrario, estoy callado y tranquilo". Podemos agregar un comentario en base a esta versión del pasaje: alguien que está callado y tranquilo es alguien que no necesita hablar: se mantiene callado porque está en paz y no necesita hacerse escuchar permanentemente. Sólo habla cuando es necesario, y por lo general, para decir algo oportuno y pertinente. Además es amable y condimentado con una pizca de sabiduría y buen humor en todo lo que dice. Está tranquilo pues tiene su alma en paz y, además, está integrado en sí mismo. La paz de su alma se manifiesta en un rostro relajado y radiante y en una actitud corporal de gozosa quietud.

Como un niño destetado de su madre; como
un niño destetado está mi alma.

Para lograr el objetivo de aquietar nuestra alma es imprescindible escucharla y seguir sus indicaciones, las cuales están en sintonía y armonía con la voluntad de Dios para esa persona. ¿Y cuáles son las indicaciones del alma? El versículo 2 de este Salmo en la versión *Dios habla hoy*, que recién mencionamos, dice: "Estoy callado y tranquilo", como un niño que ha sido amamantado por su madre, de quien ha tomado la leche y ha satisfecho su hambre, pero también recibe las caricias, la alegría y la satisfacción del contacto con la piel tibia y acogedora de su madre. En tal situación, satisfecho, seguro, y amorosamente acariciado, puede descansar tranquilo, ya no hay necesidades que satisfacer pues todas están colmadas. Con el arrullo y la canción de cuna que le entona su madre, el niño se duerme. ¿Qué más podría pedir en ese momento si ya lo tiene todo? Sólo queda el descansar y dormir disfrutando de ese momento incomparable.

El Salmo 62:1 dice: "En Dios solamente está acallada [VDHH y NVI dicen: "descansa"] mi alma. De Él viene mi salvación". Esta cita es un complemento del Salmo 131, que estamos considerando. Dios es el único que consigue el total reposo y descanso para nuestra alma. Podemos buscar en otras actividades y con otros métodos, pero solamente reposando en Dios el alma llega a su descanso y bienestar pleno.

La Biblia dice: "Así dice el SEÑOR: Paraos en los caminos y mirad, y preguntad por los senderos antiguos cuál es el buen camino, y andad por él; y hallaréis descanso para vuestras almas." (Jeremías 6:16). Este pasaje se está refiriendo a los caminos que están marcados en nuestra alma, que son caminos antiguos porque están en nosotros como comunidad de Dios, grabados en nuestra conciencia, individualmente desde el momento de nuestra concepción, cuando Dios sopló en cada uno su alma, única e irrepetible. Los caminos antiguos, a la vez, son los "caminos nuevos" que también menciona la Biblia. Dice el Señor: "El que abre brecha subirá delante de ellos; abrirán brecha, pasarán la puerta y saldrán por ella; su rey pasará delante de ellos, y el Señor a su cabeza." (Miqueas 2:12-13). Esto es debido a que las sendas se renuevan, se actualizan por el libre albedrío del hombre por un lado, y por la buena voluntad de Dios por otro lado, para que los que hacen Su voluntad encuentren el camino correcto.

A veces los seres humanos estamos tan apurados, tan metidos y encerrados en nuestros afanes, yendo tras cosas grandes que están fuera de nuestro alcance, buscando lo que se describe en el versículo 1 como una manera equivocada de proceder en la vida. En esa circunstancia nos olvidamos o no podemos detenernos y "comportar nuestra alma" para alcanzar la verdadera paz y realización de nuestro ser de manera integral. A veces necesitamos pedirle a Dios que nos frene en nuestro andar desaforado que sólo nos conduce por caminos erróneos. Podemos hacer nuestras las palabras de una bella y sabia oración que pide sabiduría para avanzar por el buen camino:

FRÉNAME, SEÑOR

Tranquiliza los latidos de mi corazón
haciendo calmar mi mente...
haz que disminuya mi tren de vida,
por medio de la imagen de la
eternidad del tiempo...

Concédeme la calma de los montes,
en medio de la confusión de los días...
rompe la tensión de mis nervios y músculos,
con la dulzura de la música de los

*arroyos que viven en mi memoria
y que me ayuda a conocer la magia
del sueño tranquilo...*

*Enséñame el arte de gozar vacaciones
por minutos,
deteniéndome a contemplar una
flor, hablar con un amigo,
leer unas pocas líneas de un buen libro...*

*Hazme recordar la fábula de la liebre
y la tortuga,
para acordarme que las carreras
no las ganan siempre los más
veloces y que hay algo más en la
vida que aumentar la velocidad...*

*Que me dejes contemplar el añoso
árbol que se hizo fuerte,
creciendo despacio y bien...*

*Apacíguame, Señor, y ayúdame a
hundir mis raíces en los duraderos
valores del suelo de la vida,
para que pueda crecer hacia las
estrellas y hacia un destino más grande...*

Richard Cushing[4]

Versículo 3

Espera, oh Israel, en Jehová, desde ahora y para siempre.

---

[4] Richard Cushing, Cardenal de Boston, Estados Unidos (1895 – 1970)

El Salmo termina con el versículo 3. Comienza con la palabra "espera", dándole el sentido de poner todas nuestras expectativas en ese objetivo, con la mirada puesta en Aquél que nos va a conducir por la buena senda, para que alcancemos los objetivos mencionados.

Allí se hace referencia a Israel de manera plural. Podríamos poner también allí el nombre de nuestra iglesia, el de nuestra familia o el de nosotros mismos de manera individual. ¿Qué es lo que debemos esperar? Debemos esperar al Señor, a Jehová, el Padre poderoso y amoroso. Debemos esperar "a" y "en" Dios. Esperamos "a" el Señor como el que suple todas nuestras dificultades y necesidades, y "en" Jehová con confianza, ubicados bajo sus brazos poderosos que nos sustentan y nos prometen la salvación y el pronto rescate en tiempos de angustia.

Debemos invocar su Nombre y Él estará con nosotros cuando lo necesitemos: "En mi angustia llamé al Señor; él me escuchó y me dio libertad." (Salmos 118:5 DHH). La angustia significa estar pasando por una estrechez, por un momento de angostura, de opresión, la cual produce desasosiego, ansiedad y desolación; nos sentimos oprimidos psíquica y físicamente, lo cual se manifiesta en opresión en el pecho, sensación de ahogo por falta de aire y trastornos en los latidos de nuestro corazón. Pero el Señor, cuando clamamos a Él, trae la liberación de la opresión y nos calma en lugares donde nos sentimos libres, sin angustia, y podemos respirar con toda la capacidad de nuestros pulmones y nuestro corazón aquietado. Con ese nuevo aire puro que ahora tenemos en abundancia, podemos adorarle y alabarle con oraciones que hacemos en forma audible o entonando canciones que expresamos a viva voz.

Finalmente llega la pregunta: ¿Por cuánto tiempo es la certeza? La respuesta es absolutamente maravillosa: para toda la vida; para la vida aquí en la tierra y aún para la vida más allá de la muerte; es "desde ahora y para siempre". El "desde ahora" sabemos dónde comienza, pero el "para siempre", sobre todo si proviene del Dios amoroso y eterno, no tiene fin. Si ponemos todo nuestro ser bajo Su mirada amorosa, Él no nos abandonará y su mano no se acortará para acudir a nuestro rescate cada vez que lo necesitemos, desde ahora y por la eternidad ¿No es algo increíble su amor? Por supuesto que sí lo es; su amor y misericordia superan ampliamente nuestra capacidad de comprensión.

Nuestra alma estará gozosa pues estará libre y plena en la persona y en la comunidad en la que Dios Padre/Madre está continuamente presente.

Una experiencia con mi alma

El día que clamé, me respondiste; me fortaleciste
con vigor en mi alma. Salmos 138:3

En el año 2008 yo trabajaba en un hospital público del Estado, con diversas demandas a las cuales ya estaba habituado por mi experiencia. Pero había una tarea que, con el tiempo y los años de trabajo, comenzó a ser una carga pesada. Se trataba de una guardia pasiva un día a la semana en la que debía estar alerta con mi celular disponible por si en la guardia central me necesitaban por un caso psiquiátrico que desbordara la capacidad de contención.

Un día tuve una angina de pecho y eso me obligó, por indicación del cardiólogo, a pasar una noche en terapia intensiva en observación. Algo malo me sucedía por estrés y una demanda excesiva. Comprendí que no era correcto poner en riesgo mi salud y quizás mi vida. En lo referente a mi trabajo en el hospital, debía continuar haciendo mi tarea pues no me faltaba demasiado tiempo para cumplir mi ciclo y deseaba hacerlo cumpliendo todas mis funciones. Debía buscar una salida a esta situación difícil. Sentía en mi alma una intensa angustia por la encrucijada que debía resolver.

Luego de conversar con mi esposa, de orar buscando la guía de Dios, de pensar en distintas opciones y de meditar en mi corazón sobre cuál sería la mejor salida de la situación, finalmente tomé una decisión. Decidí hacer un cambio en la rutina diaria; me levantaría más temprano cada mañana para dedicar un tiempo a la oración y a la meditación en silencio delante de Dios. Creé un espacio físico en un lugar privado de nuestra casa, un lugar separado para destinarlo a un oratorio personal e íntimo.

Cada mañana al levantarme, lo primero que hacía era ir a presentarme en oración ante Dios, siguiendo las indicaciones del salmista David, cuando dice: "Escucha, oh Jehová, mis palabras: Considera mi gemir, está atento a la voz de mi clamor; Rey mío y Dios mío. Porque a ti oraré. Oh Jehová, de mañana oirás mi voz; de mañana me presentaré ante ti, y esperaré." (Salmos 5:1-3).

Meditando en este Salmo de David, tuve la convicción de que en esta oración el salmista presenta tres propuestas ante Dios, las cuales quise hacer mías. En primer lugar, decidí acordar una cita para presentarme ante Él puntualmente cada mañana (contando con que Dios, en su bondad, también asistiría a la cita). En segundo lugar, como lo hizo David, poder expresarme en libertad con gemidos, clamores, lamentos y demandas. Y en tercer lugar, me quedaría en silencio, esperando que Dios mirara mi alma atribulada, le diera Su respuesta, su consuelo, y manifestara su propósito. Como dice Lamentaciones 3: 25-27: "Bueno es el Señor para los que en Él esperan, para el alma que le busca. Bueno es esperar en silencio la salvación del Señor. Bueno es para el hombre llevar el yugo en su juventud".

A partir de esta práctica de oración de silencio y de espera confiada, mi alma se fue fortaleciendo de una manera inexplicable en términos humanos.

Recuerdo que en ese tiempo Dios me habló a través de un versículo: "Fortalecidos con todo poder, conforme a la potencia de su gloria, para toda paciencia y longanimidad" (Col 1:11). No dejaba de sorprenderme, al repetirlo en la meditación de cada mañana, que todo el poder y la potencia de Dios y de su gloria eran puestos a disposición de dos objetivos que necesariamente deberían ser de fundamental importancia: desarrollar plenamente, y en total dependencia de Dios, la paciencia y la longanimidad. Tuve la bendita capacidad de entregarme y permitir que Dios desarrollara esos dones del Espíritu Santo en mí. Poco a poco, el mar embravecido de mi día de guardia –el martes– se tornó en un quieto y agradable lago apacible, en un remanso de paz. Tomé la decisión de dejar de atender mi consultorio particular los martes por la tarde. Desde entonces ese día pasó a ser un tiempo disponible para disfrutar. En ese momento me sentía uno conmigo mismo, integrado y en paz.

A esa altura de mi vida, en mi edad madura, aún estaba aprendiendo como si fuera un niño, a confiar y dejar que Dios actuara delante de mí y yo pudiera observar los milagros que ocurrían, y comprobar que sin que yo interviniera, los problemas se resolvían con absoluta sencillez y efectividad.

Mi alma se fortalecía con un renovado vigor.

5

La noche oscura del alma

¿Hasta cuándo, Jehová?
¿Me olvidarás para siempre?
¿hasta cuando esconderás
tu rostro de mí? Salmo 13:1

La noche oscura del alma

EL SILENCIO DE DIOS

> Has entrado, Dios mío, en un largo silencio.
> Callas por completo. Nada
> En ti se mueve. Eres una enorme catedral sin música,
> El oscuro fondo de las piedras, frío y enterrado,
> Oh, Señor, ¿qué hacer cuando tú callas?
>
> Hernán Montealegre[1]

Dios no abandona a sus hijos. Sin embargo, existe una experiencia espiritual a la cual se refieren varios pasajes de la Biblia y numerosos libros de espiritualidad cristiana de todos los tiempos. Ha recibido distintos nombres, entre ellos "la noche oscura del alma", "la sequedad del corazón", "el silencio de Dios" y "el rostro oculto de Dios".

---

[1] Hernán Montealegre, escritor chileno, nacido en Puerto Montt en 1937.

Es un momento que puede ocurrir en la vida de una persona de fe a la cual Dios parece abandonarla, desviar la mirada, guardar silencio ante sus reclamos. Esta es quizás una de las pruebas más difíciles que podemos experimentar. Podríamos soportar cualquier situación, pero no la de ser abandonados una vez que hemos experimentado su amor y su gracia. Uno no puede dejar de preguntarse: ¿Cuál es el motivo por el cual algunos pasan por la noche oscura del alma? La respuesta pertenece a los misterios de Dios y a su soberanía. ¿Es para afianzar nuestra fe? No lo sabemos con certeza, pero confiamos en que antes o después, Él nos devolverá su amor incondicional, es amor que en realidad nunca nos fue quitado.

El Salmo 30:5-8 nos da una interpretación de cómo es la noche oscura del alma:

> *5Porque su enojo dura un momento,*
> *Pero su buena voluntad, toda la vida.*
> *Si lloramos por la noche, Por la mañana tendremos alegría.*
> *6Yo me sentí seguro, y pensé: "nada me hará caer jamás."*
> *7Pero tú, Señor, en tu bondad me habías afirmado*
> *en lugar seguro,*
> *Y apenas me negaste tu ayuda*
> *el miedo me dejó confundido.*
> *8A ti, Señor, clamo; a ti, Señor, suplico.*

El Salmista David comienza en el versículo 6 expresando confianza, casi con una actitud soberbia: "yo me sentí seguro". Luego agrega: "nada me hará caer jamás". ¿No nos sucede esto a veces nosotros? ¿No hay momentos en que nos sentimos como el fariseo orando al lado del publicano de la parábola de Jesús, diciendo: "Gracias que no soy como los demás"? Estamos seguros y orgullosos de nosotros mismos y, sobre todo, autosuficientes. Lo que desconocemos (o no queremos reconocer) en esos momentos, es que toda esta seguridad que consideramos garantizada, en realidad es posible porque Dios está sosteniéndonos. Como dice el versículo 7: "tú, Señor, en tu bondad me habías afirmado en un lugar seguro". Pero, ¿qué sucede si de pronto el Señor nos niega su ayuda? Continúa el salmo: "el miedo me dejó confundido". Allí comienza la noche oscura del alma. En el versículo 8, el salmista ya está en medio de su angustia por encontrarse perdido en la noche oscura del alma, clamando por Su presencia, suplicando Su ayuda.

Pero la respuesta a esta situación está planteada en el versículo 5 que antecede a la experiencia que el rey David describe: la actitud de Dios hacia el hombre. Dice:

> [5]*Porque su enojo dura un momento, pero*
> *su buena voluntad, toda la vida.*
> *Si lloramos por la noche, por la mañana tendremos alegría.*

El enojo de Dios es temporal. Su silencio, la pérdida de su apoyo, serán por un tiempo, pero su disposición permanente es la buena voluntad para con sus hijos, y es para toda la vida. En realidad, es más que eso: es para la vida eterna. Si lloramos de noche (podríamos decir: "si lloramos en la noche oscura del alma", cuando experimentamos el abandono), por la mañana recuperaremos la alegría del reencuentro con nuestro Señor.

Richard Foster describe esta experiencia de abandono de Dios y propone que el fin es estimularnos al crecimiento y despojarnos de una falsa autosuficiencia ante Él:

> Como un niño asustado, caminamos cautelosamente
> en medio de la oscuridad que ahora rodea al Lugar
> Santísimo. Nos volvemos desconfiados e inseguros de
> nosotros mismos. Nos asaltan preguntas inoportunas
> con una fuerza que nunca antes tuvieron. "¿Es la ora-

ción un truco psicológico?" "¿Finalmente ha vencido el mal?" "¿Existe un verdadero significado del universo?" "¿Me amas Dios verdaderamente?" A través de todo esto, paradójicamente, Dios está purificando nuestra fe al amenazar con destruirla. Somos guiados a una desconfianza profunda y santa de todos los accesos superficiales y los esfuerzos humanos. Y entendemos, más profundamente que nunca, nuestra capacidad infinita para el autoengaño. Poco a poco somos despojados de la vana seguridad y las falsas lealtades. Se destruye nuestra confianza en todos los resultados externos e internos para que aprendamos a confiar solamente en Él. Por medio de la sequedad que hay en nuestra alma, Dios está producendo desprendimiento, humildad, paciencia y perseverancia.[2]

La depresión espiritual

Existen oportunidades en las que debemos transitar por una depresión espiritual.

John Stott, uno de los pastores, escritores y líderes evangélicos más importantes del siglo XX, toma los Salmos 42 y 43, que él considera que eran originalmente uno solo, como el clamor de alguien atravesando una depresión espiritual, la cual lleva a su alma a clamar "¿Por qué te abates, oh alma mía, y te turbas dentro de mí? Espera en Dios; porque aún he de alabarle, Salvación mía y Dios mío. Dios mío, mi alma está abatida en mí; Me acordaré, por tanto, de ti..." (Salmo 42:5-6).

"¿Por qué te abates, oh alma mía?... Espera en Dios." La depresión espiritual, dice Stott, es frecuente entre los cristianos.

---

[2] Richard Foster, *La oración, verdadero refugio del alma*, Betania, Miami, 1994, pp. 27-28.

Personalmente pienso que es una depresión que tiende al crecimiento espiritual y al crecimiento del alma en nosotros. Es el alma que está angustiada porque anhela mayor dependencia de Dios, es el alma que ansía el contacto permanente con Él.

Dice John Stott:

> El autor de los salmos 42 y 43 se expresa con claridad con respecto a las causas de su depresión. Para comenzar, tiene sed de Dios (tan sediento como el ciervo por las aguas), porque se siente alienado, soportando una especie de exilio forzado. Recuerda los grandes festivales cuando decía "me presentaré delante de Dios" (42:2), y anhela el permiso para regresar "al altar de Dios", su alegría y su gozo" (43:4).[3]

Stott agrega que el tema de la depresión no es solamente la ausencia de Dios sino la presencia de los enemigos que se burlan preguntándole: "¿Dónde está tu Dios?" (42:3,10). Esto se debe a que el verdadero Dios no es un uno de aquellos que se pueden ver y tocar, sino que se hace presente en el corazón y el alma y no necesita de imágenes visibles para ser reconocido en la intimidad del ser interior.

Luego dice Stott:

> El salmista habla con su propia alma, bellas palabras de consuelo, y le pregunta amorosamente: "¿por qué te abates, oh alma mía"...?, luego la anima y la exhorta: "Espera en Dios, porque aún he de alabarle, salvación mía y Dios mío".
>
> Su doble uso del pronombre posesivo −"salvación mía y Dios mío"- significa mucho. Se está recordando a sí

---

[3] John Stott, *Toda la Biblia en un año*, Certeza, Buenos Aires, 2013, p. 329.

mismo su relación de pacto con Dios, un vínculo al cual sus estados de ánimo fluctuantes nunca podrán destruir.

A veces nuestra alma añora la cercanía de Dios y clama por ella; este deseo de su presencia es una fuente de dolor y angustia, pero también es un poderoso estímulo que nos conduce a Él. Es como el sufrimiento de dos amantes, como el Esposo y su Amada en el libro de El Cantar de los Cantares, que sufren por la ausencia del otro y añoran mutuamente que el encuentro se produzca pronto.[4]

¿Adónde te escondiste?

El místico español San Juan de la Cruz expresó en poesía y prosa la angustia que caracteriza esta experiencia, a la que él denominó "noche oscura del alma". Reconocida por los cristianos a lo largo de la historia, se produce en algunos de los hijos de Dios y es causada por un misterio que sólo Dios conoce en su soberanía. En uno de sus poemas dice San Juan de la Cruz:

¿Adónde te escondiste,
amado, y me dejaste con gemido?
Como el ciervo huiste,

Habiéndome herido;
Salí tras ti clamando, y eras ido.

La vida de quien busca a Dios es así: un siempre salir a buscarlo, con lo cual comienza la continua espera de Dios. Y cuando parece que Dios está al alcance de la mano, ya "eras ido". El Señor

---

[4] *Ibíd.*, p. 329.

suele rodearnos bajo un manto de silencio. Aparece y luego desaparece; se aproxima y luego se aleja.

Encontramos otras de las expresiones sobre la noche oscura del alma de San Juan de la Cruz en sus "Coplas del alma que pena por ver a Dios", alguno de cuyos versos dicen:

> *Vivo sin vivir en mí,*
> *y de tal manera espero*
> *que muero porque no muero.*
>
> *En mí yo no vivo ya*
> *y sin Dios vivir no puedo;*
> *pues sin él y sin mí quedo,*
> *este vivir ¿qué será?*
>
> *Mil muertes se me hará,*
> *pues mi misma vida espero,*
> *muriendo porque no muero.*
>
> *Esta vida que yo vivo*
> *es privación de vivir,*
> *y así, es continuo morir*
> *hasta que viva contigo.*[5]

¿Dios se duerme mientras los hombres sufrimos?

Si bien podemos descansar en que "nunca se dormirá el que nos cuida", hay algunos pasajes que crean en nosotros cierta tensión espiritual. Por ejemplo el Salmo 44:23-26:

---

[5] San Juan de la Cruz, *Poesía completa*, Río Nuevo, Barcelona, 1997, pp. 122-123.

¿Por qué duermes Señor? ¡Despierta, despierta!
¡No nos rechaces para siempre! ¿Por qué te escondes?
¿Por qué te olvidas de nosotros, que sufrimos tanto?
Estamos rendidos y humillados,
arrastrando nuestros cuerpos por el suelo.
¡Levántate, ven a ayudarnos
y sálvanos por tu gran amor!

Pero entonces, ¿puede Dios dormirse y dejarnos abandonados en medio del peligro? ¿Será necesario, como dice el salmista, tener que despertar a Dios para que venga en nuestra ayuda?

Algo de eso ocurrió literalmente con Jesús como protagonista. En un pasaje bíblico de los Evangelios vemos a Jesús yendo con sus discípulos en una barca en la cual se relata el siguiente episodio:

Jesús subió a la barca, y sus discípulos lo acompañaron. En esto se desató sobre el lago una tormenta tan fuerte que las olas cubrían la barca. Pero Jesús se había dormido. Entonces sus discípulos fueron a despertarlo, diciéndole:

—¡Señor, sálvanos! ¡Nos estamos hundiendo!

Él les contestó:

¿Por qué tanto miedo? ¡Qué poca fe tienen ustedes!

Dicho esto, se levantó y dio una orden al viento y al mar, y todo quedó completamente tranquilo. Ellos, admirados, se preguntaban:

—¿Pues quién será este, que hasta los vientos y el mar le obedecen? Mateo 8: 23-27

¿Puede Dios dormirse y dejarnos abandonados? A veces a las personas religiosas nos gusta refugiarnos en cierta seguridad infantil y pensamos que nada malo puede sucedernos en esta vida cuando estamos protegidos por Dios ya que somos sus hijos. En un nivel de razonamiento esto es cierto, pero no podemos pretender vivir vidas sin conflictos y sin tener que enfrentar situaciones difíciles. Jesús dijo claramente: "En el mundo tendrán aflicción..."; entonces no podemos nosotros pretender que Dios siempre nos solucione todos los problemas. Es que debemos crecer, madurar, resolver situaciones graves, enfrentar enfermedades, muertes de seres queridos. Puede ser que por momentos nos parezca que Dios se ha dormido y nos ha dejado solos enfrentando estos sufrimientos.

El libro de los Salmos es uno de los libros bíblicos en que se expresa de manera vívida y angustiante la experiencia de quien está abandonado por Dios y clama por ser escuchado, ser atendido en sus súplicas de auxilio y consuelo. En el Salmo 69:1-3 podemos ver esta realidad en el clamor del rey David:

> ¡Sálvame, Dios,
> porque las aguas han entrado
> hasta el alma!
>
> Estoy hundido en cieno profundo,
> donde no puedo hacer pie;
> he llegado hasta lo profundo de las aguas
> y la corriente me arrastra.
>
> Cansado estoy de llamar,
> mi garganta se ha enronquecido;
> han desfallecido mis ojos
> esperando a mi Dios.

En el versículo 17 del mismo Salmo, el salmista clama angustiado:

> No escondas de tu siervo tu rostro,
> porque estoy angustiado;
> apresúrate, óyeme.

La "sequedad de corazón" de Blas Pascal

El gran científico Blas Pascal fue un maravilloso hombre cristiano que tuvo que atravesar una prolongada y tortuosa noche oscura del alma. En su libro intitulado *Pascal,* Dmitri Merejkovski describe esta experiencia que él denomina "la sequedad de corazón", y la describe de esta manera:

> En estos días, Pascal experimenta esta horrible "sequedad de corazón" que los santos conocen tan bien. Dios lleva al hombre de la mano, lo guía y súbitamente lo abandona. "Habría hecho mejor en no guiarme, que en abandonarme así", sueña el hombre y se siente todavía más abandonado, solitario y perdido que antes de la conversión. Pascal quería sofocar todos sus dolores en las matemáticas y por eso vuelve a su "Ensayo sobre las crónicas", el cual había abandonado desde hacía quince años, pero todo era en vano. Jamás había dicho con tanta desesperación como en esos días: "todo lo que no es Dios no puede satisfacerme", y jamás todavía la ciencia le parece tan impotente para llenar el infinito vacío de su corazón.
>
> Luego de cierto tiempo y de un gran padecimiento, un día Pascal concurre a la iglesia y escucha un sermón de arrepentimiento. De pronto siente que Dios le está hablando a él, presta atención y piensa: "Es a mí a quien se dirige, ¿puede ser esto una casualidad?...". También piensa: "Dios conduce al hombre de la mano, después lo abandona, como la madre a su hijo, para enseñarle a andar. Así, ¿no me habrá abandonado por completo, sino sólo por un momento?", se pregunta; pero llega la respuesta: "¡No es para siempre! ¡Dios mío, Dios mío,

buscad a vuestro servidor!", repetía, sintiendo que jamás había sido abandonado por Dios.[6]

Cuando Blas Pascal falleció, entre los pliegues de su ropa se encontró, en una delgada hoja de pergamino, un escrito con el dibujo de una crucecita aureolada de rayos, como si fuera el dibujo de un niño, y un testimonio de su fe en Jesucristo:

FUEGO

"Dios de Abraham, Dios de Isaac, Dios de Jacob,"
no de los filósofos y de los sabios.
Certidumbre, Certidumbre, Sentimiento. Alegría, Paz.
Dios de Jesucristo.
Deum meum et Deum vuestrum.

"Tu Dios será mi Dios"
Olvidado del mundo y de todo, excepto de Dios.
Él sólo se encuentra en las palabras enseñadas en el evangelio.
Grandeza del alma humana.

"Padre justo, el mundo no te ha conocido, pero yo te he conocido."
Alegría, alegría, alegría, llantos de alegría.[7]

Oración del desamparado

La noche oscura del alma puede durar algunos días o meses, e incluso algunos años. Durante ese período, el alma está reseca, sedienta de Dios, de su presencia. El cálido compañerismo de Jesús morando en el corazón desaparece y la soledad y la an-

---

[6] Dmitri Merejkovski, *Pascal*, Castelar, Buenos Aires, 1947, pp. 92-93.
[7] *Ibíd.*, p. 97.

gustia se entremezclan con sentimientos de abandono y de culpa. Esta sed nos lleva a la oración, nos impulsa al hábito de orar clamando, aún cuando no encontremos en Dios la respuesta esperada.

Richard Foster nos deja un ejemplo de oración del desamparado:

> Dios, ¿dónde estás? ¿Qué he hecho para que te escondas de mí? ¿Estás jugando conmigo, o es que no alcanzo a comprender tus propósitos? Me siento solo, perdido y desamparado.
>
> Tú eres el Dios que se especializa en revelarse, Tú te revelaste a Abraham, Isaac y Jacob. Cuando Moisés quiso saber cómo eras, Tú se lo concediste. ¿Por qué a ellos sí y a mí no?
>
> Estoy cansado de orar. Estoy cansado de pedir. Estoy cansado de esperar. Pero seguiré orando, y pidiendo, y esperando; porque no tengo a dónde más ir.
>
> Jesús, tú también supiste de la soledad del desierto y del aislamiento de la cruz. Y es por tu oración de desamparo que hablo estas palabras. Amén.[8]

La mayor noche oscura del alma la padecieron Jesús y su Padre

Pero no hay mayor expresión de abandono que la que encontramos en la experiencia de Jesús, a la que el ser humano no tiene acceso. En la noche en Getsemaní "Jesús comenzó a entristecerse y a angustiarse". Y les dijo: "Mi alma está muy triste, hasta la muerte; quedaos aquí y velad," (Marcos 14:33-

---

[8] Richard Foster, *La oración, verdadero refugio del alma*, Betania, Miami, 1994, p. 30.

34). ¿Acaso podemos entender lo que significaban las palabras de Jesús refiriéndose a que su alma estaba muy triste, hasta la muerte? ¿Cómo podríamos llegar siquiera a imaginar cómo era el alma de Jesús, tan bella y tan pura?

No podemos comprender en términos humanos lo que Jesús tuvo que atravesar cuando clamó en la cruz "Dios mío, porqué me has abandonado...". El mismísimo Hijo de Dios fue abandonado por su Padre. El Padre, que es puro amor, que es el amor mismo, estaba abandonando a su Hijo único por amor al ser humano. Es imposible poner en palabras humanas lo que allí estaba sucediendo. Solamente cuando lleguemos al cielo quizás nos será revelado.

John Stott intenta aproximarse a ese insondable misterio con sabias palabras:

> La copa que Jesús anheló ardientemente evitar no era el dolor físico de la crucifixión ni la agonía mental de la deserción de sus amigos, sino el horror espiritual de cargar los pecados del mundo.[9]

Por otra parte, tampoco podemos adentrarnos en el misterio del sufrimiento del Padre cuando Jesús clamaba ante Él en Getsemaní y en la cruz. El Padre entregó a su Hijo; así lo expresa claramente el Evangelio de San Juan: "Porque de tal manera amó Dios al mundo, que dio a su Hijo unigénito..." (Juan 3:16ª NVI). Ni el Padre ni el Hijo fueron forzados: la entrega de ambos fue un regalo voluntario. Al ser creado, el hombre recibió libre albedrío; entonces este Regalo de Dios puede ser aceptado o rechazado. De hecho Jesús en la cruz es la mayor y más cruel expresión del rechazo: *"Vino a lo que era suyo, y los suyos no lo recibieron."* (San Juan 1:11 NVI). Por eso no podemos adentrarnos

---

[9] John Stott, *op. cit.*, p. 85.

ni comprender el misterio del amor tan grande del Padre cuando su Hijo le clamaba a Él, ni tampoco podemos siquiera atisbar la profundidad de Su sufrimiento en aquellos momentos.

Acuden a mi alma las palabras de un himno que solíamos cantar con frecuencia en la iglesia de mi infancia y juventud:

> *Sabemos que tu muerte*
> *quitó la acusación*
> *en contra del pecado,*
> *¡Qué grande expiación!*
> *Mas, ¿cuál no fue el tormento*
> *que tu alma allá sufrió,*
> *cuando el divino rostro*
> *de ti Dios apartó?*

También leemos que en esos momentos de la crucifixión *"estaban también junto a la cruz de Jesús su madre..."* (Juan 19:26) ¡Mujer hermosa, llena de gracia y de dolor! En María se estaban cumpliendo las palabras del anciano Simeón cuando, además de la bendición a Jesús como *"luz que ilumina a las naciones"*, dijo que a ella *"una espada le atravesaría su alma"* (Lucas 2:35). Seguramente, entre los muchos sufrimientos que sufrió la madre de Jesús, ésta debe haber sido la verdadera noche oscura, cuando una espada atravesó su alma.

¿Cómo podemos dar razón de "la noche oscura del alma"?

Leamos las palabras de Thomas Moore:

> Una cosa es ser una persona de gran profundidad espiritual y otra muy distinta enfrentarse a una pérdida, un fracaso o una grave enfermedad. Muchos hallan significado en los esfuerzos cotidianos por superar

una enfermedad, una desgracia. Una relación conflictiva, una depresión o una adicción. Estos son también senderos que conducen a lo espiritual, y es edificante contemplarlos no sólo como problemas psicológicos que requieren atención, sino también como estados espirituales que prometen transformación e iniciación.[10]

Hemos tratado de entender la experiencia de la noche oscura del alma. Yo mismo padecí un atisbo de ésta en un momento de mi vida cuando, siendo joven, en un acto de necedad y soberbia, le recriminé a Dios su falta de misericordia ante lo que yo consideré una injusticia. ¿Es que yo podría, por ventura, considerarme más bueno y justo que Él? Luego sufrí la sensación más horrible de abandono de Dios que, a pesar de mi súplica de perdón, duró algunos días en los cuales tuve la sensación de haber vagado buscando Su perdón y Su gracia. Finalmente, y en forma paulatina, la presencia de Dios fue volviendo a mi corazón y nuevamente sentí su dulce amistad y la paz incomparable de saber que estaba protegido en sus manos.

La noche oscura del alma pertenece a la soberanía y al misterio de Dios. Puedo identificarme con lo que Richard Foster afirma:

> Aún no entiendo del todo la razón del desierto de la ausencia de Dios. Pero una cosa sé: aunque el desierto es necesario, no significa que sea permanente. Es el tiempo de Dios, y a su modo, el desierto dará paso a la tierra que fluye leche y miel. Y conforme esperamos por esa tierra prometida del alma, podemos hacer eco de la oración de Bernardo de Clairavaux: "Oh mi Dios,

---

[10] Thomas Moore, *El cuidado del alma. Segunda parte. Cómo cultivar un estilo de vida profundamente espiritual*, Ed. Urano, Barcelona, pp. 131-132.

un abismo llama a otro" (Salmo 42:7). El abismo de mi profunda miseria llama al abismo de tu infinita misericordia.[11]

---

[11] Richard Foster, *op. cit.*, p. 31.

III

El alma y la vida

6

Alma y espíritu se unen y se complementan en Dios

El cuidado de la espiritualidad

El maestro se sentó y sus discípulos lo rodearon. El más joven de ellos le preguntó:

—Maestro, si nosotros lo deseamos y le damos lugar, ¿cómo es la espiritualidad que Dios desarrolla en nuestra alma?

El maestro miró con afecto a sus discípulos y comentó pausadamente:

—Es como la tarea de un jardinero que compra una casa y encuentra que en ella el jardín está descuidado, con malezas, yuyos de toda clase y escombros. Durante el otoño y el invierno comienza a trabajar pacientemente y cada día corta las malezas, retira la basura con un rastrillo, empareja el terreno y con una pala remueve la tierra para que se oxigene. En el invierno, y cuando el terreno ya está limpio, comienza a plantar árboles frutales, plantas de flores y hierbas aromáticas y algunas hortalizas en un pequeño huerto. Cada día las riega y limpia de nuevas malezas que intentan crecer a su alrededor. En la primavera las plantas comienzan a llenarse de hojas, flores y frutos que embellecen el jardín de diferentes colores y aromas. Cada día muy temprano, antes de desayunar, el jardinero recorre el jardín observando cada planta. Luego, mientras desayuna con su esposa, le comenta las novedades: "el rosal dio un nuevo pimpollo color púrpura", "el limonero necesita ser curado", "las flores de jazmín continúan dando su aroma", "y una gran sorpresa: al fin la hortensia dio sus primeras flores. Debemos esmerarnos en regarlas y protegerlas del viento y del sol fuerte".

Entonces el anciano maestro miró a sus discípulos y les dijo:

–Así desea Jesús que recorramos pausadamente y atentos cada día por nuestro ser interior; debemos cuidar y conocer ese territorio, y diariamente interesarnos en averiguar cuál es el estado y qué novedades se producen en nuestra alma.

Thomas Moore lo plantea de esta manera:

El alma necesita una vida espiritual intensa y rica, tanto –y de la misma manera– como el cuerpo necesita alimentarse... pero nuestra espiritualidad también necesita alma: inteligencia profunda, una sensibilidad para la vida simbólica y metafórica, una comunidad auténtica y un verdadero afecto por el mundo."[1]

Y propone los siguientes recursos:

Todos podemos crearnos cajas y libros sagrados –una libreta de sueños, un diario llevado con el corazón, un cuaderno con nuestros pensamientos, un álbum de fotografías especialmente queridas– y así, de una manera sencilla pero importante, podemos sacralizar lo cotidiano. Este tipo de espiritualidad, tan normal y cotidiana, es un alimento muy especial para el alma.[2]

---

[1] Thomas Moore, *El cuidado del alma*, Ediciones Urano, Barcelona, p. 312.
[2] *Ibíd.*, p. 295.

El espíritu: Dios ha puesto eternidad en el corazón del hombre

> *Todo lo hizo hermoso en su tiempo. Y puso eternidad en el corazón de ellos, sin que alcance el hombre a entender la obra que Dios ha hecho desde el principio hasta el fin.*
> Eclesiastés 3:11 (RVR)

El pasaje que encabeza esta sección nos dice que Dios puso en el hombre el espíritu cuando lo creó. Este texto nos dice que fue Dios quien en la creación todo lo hizo hermoso, y cada aspecto de la creación lo hizo "en su tiempo". Qué maravilla tener un Dios que respeta los tiempos para cada evento, para cada aspecto de la creación. Esa eternidad que Dios puso en el corazón del hombre es el espíritu humano, que lleva en su constitución esa conciencia de la eternidad que lo hace buscar la trascendencia, el poder trasponer los límites que nos impone esta condición de vida biológica. Esos fueron los misteriosos propósitos de Dios cuando creó al hombre. La trascendencia consiste en una tendencia a actuar de tal manera que nos vayamos preparando en esta vida para transponer los umbrales de la muerte y continuar existiendo en una realidad distinta en el más allá desconocido.

La versión de la Biblia Textual tiene una nota al pie de página sobre la frase "Dios puso eternidad" que dice lo siguiente:

> Del hebreo *ha´olám*. Significa primordialmente lo que está oculto para el hombre (entre las brumas del pasado y un futuro igualmente remoto). Es decir, la dificultad extrema del ser humano para comprender la obra de Dios. Pero aún así, el Creador puso en el hombre el concepto de la eternidad.

Solamente unidos a Dios somos completos

No somos seres humanos con una experiencia espiritual.
Somos seres espirituales con una experiencia humana.

Pierre Teilhard De Chardin

El ser humano no puede vivir sin Dios; solamente en Él está satisfecho y es completo. Y si Él le quita su mirada, entra en confusión y desesperación. El hombre ha sido creado con eternidad en su corazón, sin que él pueda entender y soportar la realidad sin Dios. De hecho muchos viven sin Dios, hacen un esfuerzo y avanzan contra la corriente para afirmar su supuesta independencia, y su vida se transforma en un desierto de amargura e insatisfacción. Sólo alcanzamos la paz cuando estamos en comunión con Él.

Somos criaturas extrañas, hechas del polvo, pero con eternidad en el corazón. Tenemos una añoranza por el Dios eterno. Tenemos sed de Dios y sólo podemos satisfacer esa sed bebiendo del agua de vida que Él nos ofrece. Añoramos volver a nuestro hogar, el cielo, en donde está nuestro Padre, ese Padre que es anterior al padre humano que nos engendró en esta vida terrenal.

Sin la imagen ontológica de Dios Padre no podríamos comprender a nuestro propio padre humano, no aceptaríamos su autoridad ni le obedeceríamos. Sólo podemos hacerlo porque tenemos la imagen de Padre que Dios ha puesto en lo más profundo de nuestra estructura psíquica y emocional. Dios es el verdadero objeto de nuestro amor.

San Agustín expresa esta realidad con palabras inspiradas cuando dice:

> Y ¿qué es lo que amo cuando yo te amo? No belleza de cuerpo ni hermosura de tiempo, no blancura de luz,

tan amable a estos ojos terrenos; no dulces melodías de toda clase de cantinelas, no fragancia de flores, de ungüentos y de aromas; no manás ni mieles...: nada de esto amo cuando amo a mi Dios. Y, sin embargo, amo cierta luz, y cierta voz, y cierta fragancia, y cierto alimento, cuando amo a mi Dios, luz, voz, fragancia, alimento del hombre mío interior, donde resplandece a mi alma lo que no se consume comiendo, y se adhiere lo que la saciedad no separa. Esto es lo que amo cuando amo a mi Dios.[3]

El Espíritu Santo nos conduce a Jesucristo y a Dios el Padre

La realidad de Dios es un misterio para nosotros los seres humanos. Jesucristo nos reveló al Padre y nos dejó el Espíritu Santo. En los momentos críticos en el que los apóstoles preveían un desenlace final que no comprendían en la vida de Jesús, Felipe, en nombre de todos, le pidió a Jesús que les mostrara al Padre. Jesús entonces le respondió: "¡Pero, Felipe! ¿Tanto tiempo llevo ya entre ustedes, y todavía no me conoces? El que me ha visto a mí, ha visto al Padre." (San Juan 14:9 NVI). Jesús fue quien nos iluminó sobre los misterios de Dios. También el Espíritu Santo nos revela esos misterios. Jesús dijo: "Pero les digo la verdad: Les conviene que me vaya porque, si no lo hago, el Consolador no vendrá a ustedes; en cambio, si me voy, se lo enviaré a ustedes." (San Juan 16:7 NVI).

El Espíritu Santo nos revela secretos más y más profundos y nos lleva por caminos maravillosos del conocimiento de las realidades del Reino. Aún así no podemos comprender en toda su di-

---

[3] *Los cinco minutos de San Agustín*, Claretiana, Buenos Aires, 2006, p. 190-191.

mensión la realidad eterna de Dios. Sólo vemos sombras que nos son reveladas sobre las maravillas que vendrán, las cuales serán plenas y completas cuando estemos en Su presencia en el cielo.

En Romanos 8:14-16 dice: "Todos los que son guiados por El Espíritu de Dios, son hijos de Dios. Pues ustedes no han recibido un espíritu de esclavitud que los lleve otra vez a tener miedo, sino el Espíritu que los hace hijos de Dios. Por este Espíritu nos dirigimos a Dios, diciendo: "¡Abba! ¡Padre!" Y este mismo Espíritu se une a nuestro espíritu para dar testimonio de que ya somos hijos de Dios" (NVI) ¡Qué increíble! Dios le habla a nuestro espíritu para hacernos comprender lo incomprensible: que ya somos hijos de Dios. Si no fuera así, sería absolutamente imposible llegar a ese conocimiento. El pasaje que acabamos de mencionar está conectado con la cita del Antiguo Testamento en Eclesiastés 3:11: "(Dios) Todo lo hizo hermoso en su tiempo, y ha puesto eternidad en el corazón del hombre, sin que este alcance a comprender la obra hecha por Dios desde el principio hasta el fin" (VRV 1995).

Vemos cómo el Espíritu Santo puede comunicarse con nuestro espíritu (escrito así, con minúscula, para explicitar que se trata del espíritu humano, el cual Dios puso en el hombre cuando lo creó) para hacernos comprender los planes de Dios, incomprensibles para nuestra limitada conciencia racional. Sólo por la vía de la revelación y la convicción misteriosa que proviene de la fe, el Espíritu le habla a nuestro espíritu y nos hace posible acceder a esos misterios.

El Espíritu humano tiene un camino hacia Dios que es recto, ascendente y progresivo. En las fiestas judías tradicionales se entonaban los cánticos "de las subidas" (son 15 Salmos, del 119 al 133), que eran caminos sinuosos pero ascendentes que los iban acercando en primer lugar hasta Jerusalén (que estaba en un lugar alto), y luego al Templo para encontrarse con Dios en Su morada. Este camino ascendente es el camino del espíritu humano que se une al Espíritu para ser llevado de manera ascendente hacia la santa presencia de Dios.

Ahora ya no necesitamos ir al Templo de Jerusalén, ya que Dios ha puesto su morada en nuestro ser interior, y el Espíritu Santo le habla a nuestro espíritu y nos convence y nos permite comprender su mensaje.

El alma ama a Dios y la vida

El espíritu nos conduce a Dios y nos conecta con su eternidad; nuestro espíritu busca al Espíritu, y el Espíritu le habla a nuestro espíritu para enseñarle los secretos de Dios y del alma. El alma está en contacto con la vida... ¡con lo mejor de la vida! Nos conecta con los verdaderos valores de lo cotidiano y nos enseña a vivir orientados hacia los valores que nos traen la felicidad que perdura. De algún modo el alma nos pone en contacto con nosotros mismos, con nuestro yo auténtico, y con nuestra verdadera identidad. El alma nos vincula también con nuestro espíritu y, junto con él, nos conduce a Dios.

Vimos las consecuencias del error del hombre rico y necio, y es necesario remarcar que la combinación de estas dos características –rico y necio– es frecuente en la humanidad, pues el deseo de riquezas induce a la necedad, y ambas conducen al materialismo y a la ceguera espiritual. En realidad, la felicidad se produce cuando damos un protagonismo al alma en el desarrollo de la vida. De esto depende la sabiduría y la bendición de Dios. Descubrir el alma y vivir en plenitud con su compañía es un regalo de Dios para todos, pero solamente aquellos que reciben la iluminación sobre la bienaventuranza que hay escondida en este vínculo esencial para el desarrollo integral de la persona podrán alcanzar la felicidad a partir de tan buena compañía.

El alma nos invita a la celebración de la alegría

*Engrandece mi alma al Señor y mi espíritu se
alegra en Dios mi Salvador.* Lucas 1.46-47
Comienzo del *Magníficat*,
pronunciado por la virgen María

El alma trae profunda alegría al corazón, y con ella cultivamos la sorpresa. ¿Por qué habrías de afligirte vanamente y desperdiciar la alegría de la vida? ¿Te sientes oprimido por las obligaciones que te apresan, por el ritmo de tu estilo de vida, por el ruido y las imágenes que te invaden? ¿Tienes la sensación de que no vives tu vida porque ella es vivida por otros que te tironean con demandas interminables? Y las sorpresas, ¿dónde quedaron? ¿Ya no te sorprendes con las pequeñas cosas, con lo pequeños milagros que te rodean y que solías ver cuando tu alma te las mostraba generosamente? El alma es quien, si la escuchas y le prestas atención, puede volver a señalarte el camino de la verdadera felicidad. ¿O es que has perdido contacto con tu alma? Recuerda cuando eras niño y todo venía a tu encuentro. No necesitabas salir a buscar la aventura sino que era ella la que venía a tu puerta a buscarte porque entonces tu alma era fresca, mágica y aventurera.

Dios es un Dios de alegría. El apóstol Pablo anima a los creyentes de Filipos a estar alegres: "Alégrense siempre en el Señor. Insisto: ¡Alégrense!" (Fil 4:4 NVI). Pero ahora resulta que estás preocupado y has dejado de lado la sorpresa, ya no tienes ilusiones, ya no hay milagros, y en tu corazón no hay aventura... sólo rutina. ¿Y tu alma? ¿Dónde está? ¿En qué rincón de su ser interior la has encerrado? ¿Está tu alma arrinconada, escondida por ti, y no la escuchas cuando te invita a estar abierto a la sorpresa?

Dice la escritora Paloma Gómez Borrero en su libro *La alegría* (Premio Espiritualidad 2000):

> Nadie duda de que la alegría es el mejor estado de ánimo. Desde luego hay artistas que han dedicado obras de gran valor a la melancolía, a la tristeza y hasta a la apatía. Pero sólo elige la tristeza como morada aquel que se siente incapaz de hospedarse en el palacio de la alegría. Yo, por lo menos, no tengo ninguna intención de permanecer en un estado de ánimo tristón, mientras pueda evitarlo. Y creo que ustedes tampoco.
>
> Cultivar la alegría es, ante todo, una obra interior. No es necesario ser un chistoso o un comediante para que la alegría habite en el espíritu. Es más, encontrarán muchos espíritus serenos, imperturbables y por eso mismo invulnerables a la desgracia, que tienen como combustible interior una profunda alegría.
>
> Me gusta la idea de la alegría personal, como la de un traje único que sólo se ajusta a su propietario, como si se tratara del mítico zapato de Cenicienta. Y profundizando en ella, diría que es así porque sólo cada uno conoce sus medidas, de qué parte le "tira" el alma, qué colores le van bien y qué material le favorece. Somos sastres de nuestro propio ser, y nuestra tarea es hacer que luzca bien y bonito, de hacerle un traje de alegría.[4]

¿Cómo interactúan el alma y el espíritu en una persona integrada en sí misma?

Oh Santo Espíritu de Dios, visita ahora mi alma, y permanece en ella hasta el anochecer. Inspira todos mis pen-

---

[4] Paloma Gómez Borrero, *La alegría*, Martínez Roca, Barcelona, 2000, p. 11.

*samientos. Penetra mi imaginación. Orienta todas mis
decisiones. Haz morada en la ciudadela más íntima de mi
voluntad y ordena todas mis acciones.* John Baillie

En su libro intitulado *Devocionales clásicos*, Richard Foster incluye al profesor de teología John Baillie, escocés, como representante de la vida de meditación contemplativa. De él cita la siguiente bella oración nocturna del día vigésimo primero de su *Diario de oración privada,* en la cual Baillie describe con gran delicadeza e inspiración divina las cualidades que unen al alma humana a la vida:

> *Oh, Tú, Creador de todo lo que existe, elevo a Ti mi
> corazón en gratitud por la felicidad de este día;
> Por la simple alegría de vivir;
> Por todos los paisajes y los sonidos que me rodean;
> Por la dulce calma de la campiña y el bullicio
>   placentero de la ciudad;
> Por todas las cosas brillantes, hermosas y alegres;
> Por la amistad y las buenas compañías;
> Por el trabajo cotidiano y la habilidad y las fuerzas
>   para cumplirlo;
> Por los momentos dedicados al juego, al término de
>   las labores del día,
> y por la salud y el corazón alegre para disfrutarlos.*[5]

Aquí el autor eleva su oración de agradecimiento a Dios por las pequeñas pero significativas cosas cotidianas. Es notable contraste entre alguien que vive alerta a su alma y es llevado por ella a una intensa e íntima alegría, y alguien que vive dormido y ausente a su influencia. Alguien que, en vez de estar alegre, está

---

[5] John Baillie, *Diario de oración privada*, Casa Unida de Publicaciones, México, p. 93.

ansioso y malhumorado por el estrés en que debe vivir: todas las maravillas que le rodean pasan delante de él sin que tenga la menor conciencia de la belleza que ven los que están abiertos a ellas.

La persona que vive con la amorosa compañía de su alma no deja de percibir las bendiciones cotidianas: *"la vista y los sonidos que me rodean"*, describe la calma del campo y el bullicio de la ciudad; calma y bullicio que, combinados, conforman un excelente complemento. Agradece todo lo que brilla, lo que es hermoso, lo que provoca alegría. Recuerda la amistad y el compañerismo, y eso le trae gozo al alma porque sabe que las personas amadas están allí cuando las necesite. Agradece por el trabajo de todos los días y la satisfacción que significa realizarlo con eficacia, aptitud y las fuerzas necesarias para llevarlo a cabo. Da gracias por el tiempo de recreación cuando termina la labor, quizás con sus hijos, con su cónyuge, o con amigos, todo esto enmarcado en la buena salud de un corazón alegre. Me pregunto, ¿de qué otra manera podría estar alguien que tiene su alma tan pletórica, en un lugar de tanto protagonismo? Es redundante decir que toda esa alegría se expresa, en última instancia, en una bella oración de agradecimiento a Dios, pues toda esta buenaventura proviene de Él. Es el alma la que rescata y hace notar la bondad que Dios provee a sus hijos a través de gestos que reciben todos los días sin merecerlos. ¡Lo menos que pueden hacer es agradecer por semejante bendición! El alma unida al espíritu humano, y ambos contenidos bajo la cobertura amorosa e inspiradora del Espíritu Santo, conforman la base de una espiritualidad rica.

Podemos percibir que en el interior de quien vive esta experiencia resuenan las palabras de Jesús diciéndole: "Si alguien tiene sed, venga a mí, y el que cree en mí, que beba. Como dice la Escritura, del interior de aquél correrán ríos de agua viva." (Juan 7:38 VDHH).

El alma siempre se remite a Dios

En este punto de la oración John Baillie, autor y orante, parece tomar conciencia de una nueva realidad que Dios le está mostrando en su amor: es bueno disfrutar de la exuberante gracia de la vida que se nos ofrece cada día, pero hay otra realidad aún mayor: la presencia del Espíritu Santo en la vida, que muestra que a la vez que disfrutamos de los placeres temporales, tenemos una semilla de eternidad en el corazón que nos hace añorar otro destino. Nos hace comprender que el objetivo último no está en esta vida ni en esta tierra, sino en una vida y en una tierra nuevas y eternas, hacia las cuales estamos peregrinando.

Entonces continúa Baillie la oración diciendo:

> Y sin embargo, oh Padre eterno, no permitas nunca que llegue a pensar que estoy aquí para quedarme. Ayúdame siempre a recordar que soy extranjero y peregrino en esta tierra. "Porque aquí no tenemos ciudad permanente, sino que esperamos la por venir". Presérvame por tu gracia, buen Señor, de perderme de tal modo en los goces de esta tierra, que ya no me queden ansias por los goces más puros del cielo. No dejes que la dicha de este día se convierta en una trampa para mi corazón demasiado apegado a la tierra. Y si, en lugar de dicha, hoy he tenido que recibir algún desengaño o derrota; si he encontrado alguna aflicción donde esperaba encontrar alegría, o enfermedad donde había procurado salud, concédeme la gracia para aceptarlo todo de tu mano, como una afectuosa advertencia que éste no es mi hogar.
>
> Gracias te doy, oh Señor, porque de tal manera Tú has colocado eternidad dentro de mi corazón, que ninguna cosa de esta tierra puede jamás llegar a satisfacerme totalmente. Gracias te doy porque cada alegría

del presente se halla tan entremezclada con tristeza y desazón, como para impulsar mi mente a la contemplación de una bienaventuranza más perfecta. Y sobre todo, gracias te doy por la segura esperanza y promesa de una vida eterna que Tú me has concedido en el glorioso evangelio de Jesucristo, mi Señor. Amén.[6]

El Espíritu Santo nos señala el camino de la eternidad. Mientras disfrutamos de las bendiciones a las que nos conduce el alma, siempre oímos la voz de nuestro espíritu, unido al Espíritu Santo, diciéndonos: "Recuerda que eres eterno, que perteneces a Dios y a su pueblo, que no tienes residencia permanente en este mundo. Estamos en un peregrinaje, en camino hacia la tierra prometida". No hay ninguna contradicción entre la alegría del disfrute de la vida presente al que nos lleva el alma en esta vida y la promesa de una vida eterna en el cielo. Es que el alma desea, por sobre todas las cosas, unirse definitivamente a Jesús, su amado, su prometido.

El encuentro del alma con el espíritu

La vida nos parece maravillosa por momentos y por momentos no. Pero no pierdas nunca la fe en ella; después de todo, sigue siendo bella. Lo único que necesitas es encontrar las maravillas que te reserva. No las busques en ningún otro lugar que no sea en ti y en los secretos parajes del espíritu. Wallace Stevens

El alma y el espíritu actúan como hermanos o como amantes para vigorizar e inspirar la búsqueda de tu vocación. Juntos ofrecen profundidad y trascendencia, re-

---

[6] *Ibíd.*, p. 94.

cuerdos y esperanzas, intimidad y universalidad. Thomas Moore

La espiritualidad es un espacio esencial para el desarrollo del alma. Ella busca y encuentra complementariedad en el espíritu, pero no siempre es posible, pues depende de la decisión de la persona. El alma puede pertenecer a alguien que la ama, la cuida y la deja crecer, o puede pertenecer a una persona que niega su existencia, no la toma en cuenta, y la oprime al no darle espacio para su crecimiento integral.

Romanos 8:17 dice: "Y si hijos, también herederos: por una parte, herederos de Dios, y por la otra, coherederos con Cristo, ya que juntamente padecemos para que juntamente seamos glorificados". Este pasaje nos ayuda a comprender más de ese misterio que es la existencia: la encarnación de Jesús, sus palabras que se refieren a los planes de redención de la humanidad y la venida del Espíritu Santo que le habla a nuestro espíritu para revelarle sus secretos. Si bien no los conocemos con certeza, tenemos la información necesaria para que aceptemos por fe la obra de Dios y confiemos en el futuro. A partir de esta base de fe podemos crecer y expandir nuestra alma en la tierra, pero con la promesa de un hogar celestial donde alcanzaremos la plenitud en la presencia del mismo Dios que creó el mundo y todo el universo.

La espiritualidad necesita del anhelo de la presencia de Dios

Como el ciervo busca jadeante las corrientes de las aguas, así te anhela a ti, oh Dios el alma mía. Mi alma tiene sed de Dios, del Dios vivo. Salmos 42:1-2 (RV 1977)

> *Es el alma la que debe estar alegre y segura y levantada por encima de toda cosa. Las minas de los metales pobres son superficiales; las de los metales más ricos son aquellas cuyas vetas se esconden en lo más profundo, pero recompensan con mayor largueza a los que la excavan con constancia.* Séneca

La espiritualidad de la persona necesita despertar y desarrollarse a partir del anhelo de Dios. La espiritualidad se estructura en torno a la búsqueda de Dios; Él es nuestro principal objeto de deseo. Ansiarlo nos da la motivación para crecer en el conocimiento de Él. Debemos desear Su presencia. Si acordamos encontrarnos con Dios, Él será fiel en concurrir a esa cita, pero ¿también lo seremos nosotros? Deberemos aprender a aquietar nuestro corazón acelerado y preparar nuestro ser para ese encuentro.

El poeta místico Ernesto Cardenal expresa en palabras la naturaleza de esa búsqueda que consiste en buscar y no siempre hallar el objeto amado. En esa búsqueda está la clave del crecimiento y se construye el vínculo de amor. Dice Cardenal:

> La voz de Dios uno la quiere clara, y no lo es. No lo es porque no puede ser clara para los sentidos. Pero es profunda. Es una voz honda y sutilísima e inexplicable. Es como una honda angustia en el fondo del ser, allí donde el alma tiene su raíz. Es una voz en la noche. Vocación quiere decir llamado y una voz en la noche. Una voz llama y llama. Uno oye y no ve. La queremos clara como el día y es profunda como la noche. Es profunda y es clara, pero con una claridad oscura como la de los rayos X. Y llega hasta los huesos. Porque la voz del amado es existencial y no es verbal. No resuena en los oídos, ni en nuestra mente, sino más hondo, allí donde Él habita, en lo más hondo de uno. La llamada

es un descontento, un desencanto de todo. No es con palabras sino con hechos, con circunstancias, con realidad. No es superficial, por eso nos parece que no es clara, porque solemos vivir en lo más superficial de nosotros mismos, donde nos comunicamos unos a otros con palabras; sino que es profunda, porque Dios habita en el fondo del ser. Y su voz es un silencio.[7]

Quizás pensemos que la práctica de la meditación nos alejará de la realidad o que nos apartará de tareas prácticas o del servicio al prójimo. Esto es erróneo, pues el alma siempre está ligada a la vida, y puede descender a las profundidades del ser humano y al encuentro con Dios pero, a la vez, siempre regresará a la realidad de la vida y estará conectada con la cotidianidad de la vida. Entre los que con mayor empeño se dedicaron a la meditación y a entrar en el silencio de la oración estaban los cuáqueros. Y también han sido ellos los que históricamente se han destacado por su influencia social que fue vital en las sociedades en las que sus comunidades desarrollaron su vida y su acción.

Quiero mencionar tres citas en las que se enfatiza el servicio al prójimo por sobre la mera piedad desprovista de misericordia al necesitado. No son actividades contrapuestas, pero cada una ocupa su lugar y su momento. El bien conocido cuáquero y prócer William Penn dijo: "La verdadera piedad no quita a los hombres del mundo, sino que los capacita para vivir mejor en él y los anima a intentar repararlo". Por su parte el Maestro Eckart escribió: "Aún si un hombre fuera arrebatado hasta el tercer cielo como San Pablo, y con esta condición supiera que otro hombre tiene necesidad de alimento, sería mejor que le diera de comer, y no que permaneciera en éxtasis". Richard Foster, escritor pro-

---

[7] Ernesto Cardenal, *Vida en el amor*, Lohle, Buenos Aires, 1970, pp. 92-93.

testante destacado en temas de espiritualidad, dice lo siguiente con gran sabiduría:

> A menudo la meditación producirá discernimientos profundamente prácticos, casi mundanos. La persona recibirá instrucción sobre cómo relacionarse con su esposa o con su esposo, o sobre cómo tratar algún problema sensible o la situación de algún negocio. Más de una vez he recibido ayuda sobre la actitud que debo tener al dar una conferencia en una universidad. Es maravilloso cuando alguna meditación particular conduce al éxtasis, pero es mucho más común recibir ayuda en cuanto a cómo hacer frente a los problemas humanos ordinarios con grandes perspectivas y equilibrio.[8]

Para crecer en la espiritualidad debemos disciplinarnos

Hay aquí una aparente contradicción, porque podemos pensar que el amor se expresa libre y espontáneamente. ¿Para qué debemos disciplinarnos entonces? Por otra parte pensamos que si queremos que se realice una transformación en nuestro ser interior, en nuestra vida espiritual, estamos convencidos de que el único que puede lograr esa transformación es Dios en su misericordia. Este don del reino de Dios no podemos lograrlo ni ganarlo por esfuerzo propio: es un don de la gracia de Dios. En ese caso, entonces, en términos humanos, podríamos preguntarnos: ¿para qué disciplinarnos si la gracia seguramente podremos conseguirla gratuitamente de parte de Dios?

---

[8] Richard Foster, *Alabanza a la disciplina*, Betania, Puerto Rico, 1986, p. 40.

Sin embargo, las disciplinas espirituales son necesarias; debemos crecer en disciplinas tales como la meditación, la oración, el estudio, el retiro, el ayuno, la sencillez, el servicio, la adoración y otras. Debemos llevar una vida disciplinada para avanzar en el conocimiento de Dios y de nosotros mismos. Nuevamente citamos a Richard Foster, quien en su clásico libro de espiritualidad cristiana, *Alabanza a la disciplina*, dice:

> Dios nos dio las disciplinas para la vida espiritual como un medio para recibir su gracia. Las disciplinas nos permiten colocarnos ante Dios de tal modo que él pueda transformarnos. El granjero no tiene la capacidad para producir granos; lo único que puede hacer es proveer las correctas condiciones para que se produzca el grano. Él coloca la semilla en el terreno, donde las fuerzas naturales se encargan de ella y el grano se produce. Así son las disciplinas espirituales: son la manera de sembrar para el espíritu.[9]

Las disciplinas espirituales nos ayudarán a alcanzar el encuentro periódico con Dios una vez que estemos dispuestos a acordar una cita diaria con Él, una cita en la que no iremos a hablarle sino a hacer silencio para escucharle, y en la que aprenderemos a aquietar nuestra mente, nuestro cuerpo y nuestra alma. Descenderemos a la intimidad de nuestro ser, y sencilla y humildemente... esperaremos. Así estaremos obedeciendo la indicación de Dios: "Estad quietos y conoced que yo soy Dios" (Salmo 46:10).

---

[9] *Ibíd.*, p. 27.

Todas las cosas están vinculadas entre sí

El amor por la creación es una manifestación de que estamos unidos por el amor de Dios a todo lo creado. Podemos sentir la presencia de Dios en cada aspecto de lo que nos rodea. Amamos al prójimo y estamos dispuestos a ayudarlo en sus necesidades. Amamos la naturaleza y podemos tener la maravillosa experiencia integradora de ser uno con la humanidad y con la creación. Nuestra experiencia de la unidad se va expandiendo y nos sentimos parte del mundo, del cielo y del cosmos. Miramos las estrellas una noche y quedamos extasiados con el firmamento. Esto nos trae a la memoria lo que hizo Jehová Dios con Abraham cuando una noche lo sacó de su tienda y le hizo observar el cielo estrellado para ilustrar cómo sería de innumerable la nación que Él le había prometido para su descendencia. Dios nos invita a que nos sintamos parte del universo y a que estemos unidos a Él, a que seamos uno con Él, porque Él es nuestro Creador y el Creador de todas las cosas. ¡Y el alma se goza en esa integración y ese sentimiento de unidad que brota al experimentarlo! El alma y el espíritu se sienten pletóricos en esa tarea de conectar al ser humano con toda la creación de Dios.

El escritor judío estadounidense Lawrance Kushner, en un libro de guía espiritual para jóvenes, dice:

> Nada está desligado, aislado de lo demás. Todos formamos parte de un gran organismo vivo. Todos estamos unidos unos a otros, y la unidad-de-todo-lo-que-está-unido es parte importante de Dios. Cuando pronunciamos el Shema, que "Dios es Uno", estamos diciendo que todo y todos están conectados entre sí. Y cuanto más observamos el mundo, más nos damos

cuenta de que ha sido hecho siguiendo un plan, un patrón.[10]

La realidad espiritual y la conexión integral con el universo

Podemos decir que la tierra que Dios nos entregó fue bella a tal punto que el Dios Creador, al contemplar lo que había hecho, dijo que "era bueno en gran manera". Pero ahora la tierra está contaminada, el clima está alterado y la tierra está arrasada. ¿Cómo llegamos a esta situación? En realidad se debe a que la tierra está enferma porque nosotros estamos enfermos. En la medida en que nosotros no seamos transformados, tampoco lograremos transformar la tierra. Dios, luego de crear el universo, la tierra y al hombre, nos encomendó que administráramos responsablemente la tierra, como mayordomos. Esto lo encontramos en el mandato cultural (el de transformar la natura en cultura) del libro de Génesis 1:28: "Y los bendijo Dios, y les dijo: Fructificad y multiplicaos: llenad la tierra, y sojuzgadla, y señoread en los peces del mar, en las aves de los cielos, y en todas las bestias que se mueven sobre la tierra."(RVR 1977).

Ser fieles a este mandato es una responsabilidad de la humanidad y, sobre todo, del pueblo de Dios que tiene en las Escrituras la fuente de su fe y los mandamientos que provienen de Dios para su pueblo. Nos corresponde ser fieles: este será el camino que puede sacarnos de la crisis actual para inaugurar un nuevo proyecto de civilización que sea más sensible, más lleno de alma y más espiritual.

---

[10] Lawrence Kushner, *El libro de los milagros*, Sirio, Buenos Aires, 1997, p. 32.

La espiritualidad y el cuidado del cosmos como tarea espiritual

Porque el anhelo ardiente de la creación es el aguardar la manifestación de los hijos de Dios. Porque la creación fue sujetada a vanidad, no por su propia voluntad, sino por causa del que la sujetó en esperanza; porque también la creación misma será libertada de la esclavitud de corrupción, a la libertad gloriosa de los hijos de Dios. Porque sabemos que toda la creación gime a una, y a una está con dolores de parto hasta ahora. Romanos 8:19-22

En los últimos años, como consecuencia de la voracidad consumista y de la visión monetarista y utilitaria del planeta, éste ha sido devastado irresponsablemente, sin reparar en las consecuencias que esto tiene para las próximas generaciones. Nos preguntamos alarmados: ¿Cómo es posible que el ser humano piense tan egoístamente en su propio beneficio sin tener en cuenta que en ese proceso está perjudicando no solo la calidad de vida sino también la subsistencia de su hijos, sus nietos y las próximas generaciones? ¿Es que no hay una mínima sensibilidad en las corporaciones multinacionales para darse cuenta de la manera en la que están actuando? Según los hechos ya consumados y el camino que seguimos con el deterioro de nuestro planeta, parece que no la hay.

Debemos volver a la consideración responsable, espiritual, nacida de nuestra alma individual; pero también colectivamente actuar en defensa de este planeta que nos alberga y nos brinda su belleza, el alimento y el aire puro. Parece que hay un despertar en individuos, grupos y comunidades que han comenzado a tomar conciencia del problema, y es al pueblo de Dios al que le corresponde ser, por mandato bíblico, particularmente responsable.

Es asombroso y conmovedor comprobar cómo a nivel secular hay movimientos sociales que defienden el cuidado ecológico de la tierra y cómo se preocupan y luchan por promover la responsabilidad del cuidado del planeta. También llama la atención que aún en estos movimientos seculares no se deja de señalar que para realizar esta tarea debe tenerse en cuenta que el origen del problema es esencialmente espiritual.

Responsabilidad ecológica, alma y espiritualidad

A modo de ejemplo esperanzador de este despertar en cuanto al cuidado del planeta a nivel secular y político, además del necesario compromiso espiritual y religioso, expongo aquí el "Informe Brundtland". Éste resume el resultado de una iniciativa política promovida por la ex-primera ministra de Noruega Gro Harlem Brundtland, que se llevó a cabo en Noruega en el año 1987 para ser presentado a la ONU. Es un dato alentador en el que se menciona el necesario "cambio en nuestro corazón" y que la desertización del planeta es producto de "la desertización del espíritu humano" ¡Qué asombroso, y qué alentador que se reconozca que la raíz de este problema nace en la ambición y falta de espiritualidad del ser humano! Es que el alma es la verdadera razón por la cual podemos comprender que cuidar de la tierra es sinónimo de cuidarnos a nosotros mismos. Fuimos creados del polvo de la tierra, y nosotros somos parte de ella. Si la destruimos, estamos destruyéndonos a nosotros mismos y a nuestra descendencia. Como señala un párrafo del "Informe Brundtland":

> Necesitamos un cambio en nuestro corazón. En el nivel más profundo, se puede afirmar que la desertización del planeta refleja desertización del espíritu humano. Podemos lograr un cambio al controlar nuestros deseos y desarrollar la condición empática de sentir el

dolor de los demás como propio. El desarrollo sostenible es el desarrollo que satisface las necesidades del presente sin comprometer la capacidad de las generaciones futuras para satisfacer las suyas." (Informe de la Comisión Brudtland, *Nuestro futuro común*, Noruega, 1987).

Un inspirador cántico a la creación

El conocido "Cántico del Hermano sol", de Francisco de Asís (1182-1226) expresa el deseo de nuestra alma, y de todo nuestro ser, de lograr un mundo y un universo cuidado y valorado con amor reverencial. Es un canto de profunda gratitud y conlleva una expresión de amor por todas las criaturas de Dios, comenzando por el sol y por la luna (como expresión del cosmos infinito), y de todo lo que existe en el mundo (nuestra bella tierra) como el viento, el agua y el fuego, y por el mundo todo y los hombres y mujeres que lo habitamos. Entonces concluye con una sentida alabanza a Dios:

CÁNTICO DEL HERMANO SOL

> *Altísimo, omnipotente, buen Señor,*
> *tuyas son las alabanzas, la gloria y honor*
> *y toda bendición.*

> *Loado seas, mi Señor, con todas tus criaturas,*
> *especialmente el señor hermano sol,*
> *el cual es día, y por el cual nos alumbras.*

> *Y él es bello y radiante con gran esplendor,*
> *de ti, Altísimo, lleva significación.*

> *Loado seas, mi Señor, por la hermana luna y las estrellas,*

en el cielo las has formado luminosas
y preciosas y bellas.

Loado seas, mi Señor, por el hermano viento,
y por el aire y el nublado y el sereno y todo tiempo,
por el cual a tus criaturas das sustento.

Loado seas, mi Señor, por la hermana agua,
la cual es muy útil y humilde y preciosa y casta.

Loado seas, mi Señor, por el hermano fuego,
por el cual alumbras la noche,
y él es bello y alegre y robusto y fuerte.

Loado seas, mi Señor, por nuestra hermana la
madre tierra,
la cual nos sustenta y gobierna,
y produce diversos frutos con
coloridas flores y hierba.

Loado seas, mi Señor, por aquellos que perdonan
por tu amor, y soportan enfermedad y tribulación.

Bienaventurados aquellos que las soporten en paz,
porque por ti, Altísimo, coronados serán.

Loado seas, mi Señor, por nuestra hermana la
muerte corporal,
de la cual ningún hombre viviente puede escapar.

¡Ay de aquellos que mueran en pecado mortal!
Bienaventurados aquellos a quienes encuentre en tu
santísima voluntad,
porque la muerte segunda no les hará mal.

Load y bendecid a mi Señor,
y dadle gracias y servidle con gran humildad.

Un Salmo para que el alma alabe a Dios con libertad y gozo

SALMO 103 DE DAVID.
¹Bendice, alma mía, a Jehová,
Y bendiga todo mi ser su santo nombre.
²Bendice, alma mía, a Jehová,
Y no olvides ninguno de sus beneficios.
³Él es quien perdona todas tus iniquidades,
El que sana todas tus dolencias;
⁴El que rescata del hoyo tu vida,
El que te corona de favores y misericordias;
⁵El que sacia de bien tu boca
De modo que te rejuvenezcas como el águila.
Salmo 103 (RVR60)

Este es un salmo en el que el autor, el rey David, invita a su alma a alabar a Dios, mediante las palabras "¡Bendice, alma mía, a Jehová!" Un comentario bíblico dice sobre esta frase: "Esta declaración de la bondad de Dios convierte a este himno en el equivalente de "Sublime Gracia" en el Antiguo Testamento, ya que se concentra intensamente en lo que los israelitas habían visto tantas veces."(Versión "Biblia Renovaré"). No haría falta insistirle demasiado al alma para que alabe a Dios, pues para ella el deseo más intenso es el poder hacerlo. En realidad el rey David, al decirle a su alma que alabe a Dios, se está motivando a sí mismo, buscando el estímulo necesario en su alma para hacerlo de buena gana, con todo lo que él es. Esta motivación es evidente porque él agrega a esta frase lo siguiente: "y bendiga todo mi ser su santo nombre".

David es uno consigo mismo. Su alma se regocija en plenitud por la vida y alaba a Dios por su provisión y misericordia. Su espíritu avanza más y más en su camino ascendente a Dios, logrando estar aún más cerca de Él. Su cuerpo se predispone a ejercitar la alabanza con la participación de todos sus miembros y sus sentidos al elevar sus manos y cantar con fervor a voz en cuello o apaciblemente, de acuerdo al sentir de la alabanza. Quizás desee cerrar los ojos para concentrarse en la Persona a la que está elevando su adoración.

Recuerdo a un amigo a quien le hice una consulta sobre cómo aconsejaba pastoralmente a una mujer que estaba bajo su cuidado, pero que siempre tenía una actitud de queja y encontraba un motivo, aun nimio, para estar disgustada con Dios y con las personas que la rodeaban. Mi hermano, que tiene una valiosa actitud pastoral, me comentó que siempre le recordaba a la hermana que debía considerar y meditar sobre el Salmo 103, y que, sobre todo, recordara las palabras del versículo 1: "Bendice, alma mía a Jehová , y no olvides ninguno de sus beneficios." Le decía amablemente: "Debes pensar todos los días en la abundancia haciendo un listado de todo lo que Dios te da amorosamente, un listado basado en los versículos del 2 al 5. Piensa detenidamente en cada uno de los temas de gratitud que allí se mencionan, sin saltearlos, pues la indicación es que 'no olvidarse ninguno de sus beneficios'. Entonces podrás pasar un buen momento de alabanza a Dios". Este pastor la motivaba a que ella buscara profundamente en su alma para encontrar la gratitud que surgiría espontáneamente desde el fondo de su ser por la provisión de Dios.

Esta indicación también es útil para cada uno de nosotros. ¿Por qué permitimos tanta desazón por pensamientos complacientes hacia nuestro ego narcisista? Es que esa es la tendencia de nuestra naturaleza humana. ¡Cuántas veces insistimos en esos círculos viciosos del pensamiento y no somos capaces de conectarnos a la gratitud que debería brotar espontáneamente desde nuestra alma! Pero si nos conectamos con el alma, la gratitud y la alabanza rompen el pensamiento egocéntrico y autorreferencial. Entonces liberamos nuestra alma para que de ella brote la gratitud a la vida y a Dios.

Mediante la meditación sobre este salmo mi amigo pastor daba una solución al encierro pesimista de esa mujer, ayudándole a reconocer que podía vivir en felicidad al confiar en la protección de Dios. Ella podría cambiar y quizás llegar a descansar en las palabras de otro salmo que le ofrece un lema más atractivo para su vida: "Jehová es mi pastor, nada me faltará." (Salmo 23:1).

Pero ahora pensemos en este listado de los beneficios de Dios que no debemos olvidar y que se mencionan a continuación: "Él es quien perdona todas tus iniquidades". En efecto, Dios perdona nuestras maldades (del pasado, del presente y del futuro) ¡Qué inestimable bendición vivir libres de culpa! "El que sana todas tus dolencias", la sanidad del cuerpo, de la mente y las emociones, de nuestro corazón y nuestra alma. Dios trae el Shalom de sanidad y bendición integral a toda la persona. Luego sigue la lista: "El que rescata del hoyo tu vida". Él nos rescata en los momentos difíciles y en medio de los problemas en los que caemos sin darnos cuenta; en situaciones que nos llevan a clamar: "¡Señor, ten misericordia de mí, rescátame de este lugar oscuro en el que he caído!" Luego el salmista agrega otra bendición: "El que te corona de favores y misericordias". ¡Se trata de darnos cuenta de la manera amorosa con la cual Él nos cuida, con el amor y la ternura de una madre que atiende a su hijo pequeño y no deja que nada le falte! Su cuidado es como una coronación que es un anticipo de la corona que tendremos al llegar al cielo. Esta corona anticipada son los favores y las misericordias que nos rodean como una verdadera protección sobre nuestra cabeza, y junto con ella nos pone el sello de acceso a la protección divina. Esta es una corona que nos dice que somos hijos de un Rey que nos protege y nos da su bendición, su cuidado y su salud... es decir, que estamos protegidos por la corona del Shalom de Dios. En el cielo recibiremos, efectivamente, una corona, como lo manifiesta el Apóstol Pablo: "Por lo demás me espera la corona de justicia que el Señor, el juez justo, me otorgará en aquel día; y no sólo a mí, sino también a todos los que con amor hayan esperado su venida." (2 Timoteo 4:8, NVI).

Luego sigue la enumeración de beneficios que no debemos olvidar: "El que sacia de bien tu boca, de modo que te rejuvenezcas como el águila." El Señor aparece aquí en su imagen de Padre/Madre que nos alimenta con una comida que renueva las fuerzas, que es dulce a nuestro paladar, como la leche que los niños toman del pecho de su madre, un alimento que, además de ser sabroso, fortalece física y afectivamente. En el proceso de darle a mamar la madre le está transmitiendo su amor mediante el contacto físico, con la mirada, con las palabras y con amorosas canciones de cuna. Este es un alimento que también transmite seguridad, ya que un niño en brazos de su madre está más seguro que en una fortaleza inexpugnable: para el niño no hay lugar para ningún temor, pues los brazos de su madre lo rodean y lo alejan de todo peligro. Este es un alimento que hace rejuvenecer como lo hace el águila en la mitad de su vida, para continuar volando a alturas inimaginables, y en esas alturas comprender los secretos de Dios que le maravillarán y darán nuevos ánimos, y para que, juntamente con el alma y el espíritu, pueda continuar el camino hacia Él, la verdadera meta del peregrinaje de la vida.

7

El peregrinaje al alma

El desierto está siempre en un lugar remoto e inesperado, a pesar de que hayamos partido con mapa y brújula, y con una sincera declaración de intenciones: a pesar de que hayamos buscado nuestra alma, investigado nuestra meta y contado con el respaldo de un guía. Cuando abrimos nuestra alma a lo desconocido, emprendemos el camino a nuestro verdadero hogar. Sarah York

El espíritu avanza hacia el futuro; el alma, en cambio, te mantiene unido al pasado. Thomas Moore

Viajes a espacios exteriores e interiores

Cuando una persona tiene un viaje por delante, debe comenzar por prepararse para partir. Tiene por delante muchos detalles que arreglar de su vida cotidiana y familiar: dejar las cuentas pagadas, y el trabajo y el funcionamiento de la familia ordenados para que no haya sobresaltos en el tiempo de ausencia por compromisos acordados. Cuando enfrenta un viaje la persona puede hacerlo de una manera diferente, y una de esas maneras de realizarlo es con espíritu de peregrino. ¿Qué quiere decir esto? Que aun cuando se sepa que el viaje es a espacios exteriores (ya sea a tierras lejanas y desconocidas, o aun si lo hacemos a lugares cercanos), si se realiza con espíritu de peregrino se transformará también en un viaje interior; en un apasionante e invalorable viaje a nuestro corazón y a nuestra alma. El viaje del peregrino es un viaje al exterior, pero simultáneamente lo es también a nuestra alma.

Hace varios años, estando involucrado en la tarea entre los profesionales cristianos, fui invitado a visitar a mis colegas de la Sociedad Médica Cristiana de Guatemala. Antes de partir me ocupé de que éste fuera también un viaje a mi ser interior. Entonces ya desde los días previos fui preparando mi corazón y mi alma para tener un encuentro en mi intimidad. Dediqué tiempo a la oración, a la meditación y al silencio para ir acallando el estrés de las demandas cotidianas previas al viaje y para estar disponible y sensible a lo que Dios me preparara al llegar al terreno santo de mi ser interior. Era una oportunidad especial, un tiempo separado de la vida cotidiana en la cual me resultaba difícil concretarlo en medio de las demandas de mis ocupaciones. Como dice Sarah York:

> Una vez que emprendemos el peregrinaje, nuestras referencias del tiempo y del espacio desaparecen, porque este páramo no se encuentra en un tiempo ni en un espacio concretos, sino en el vasto territorio del alma.[1]

El proceso de desprendimiento progresivo de las tareas que me ataban a mi realidad cotidiana era un proceso de ir despegándome de las rutinas diarias. Esto me hacía sentir que, como una cigarra, me despojaba de una vieja caparazón para poder volar al llegar la primavera; dejaba cargas que muchas veces, y sin darme cuenta, me agobiaban y me ataban a horarios y a compromisos inflexibles. Pero debo decir que también sentía cierta tristeza; debía hacer un proceso de duelo al tener que dejar atrás a mi es-

---

[1] Sara York, *Corazón peregrino*, Vergara, Barcelona, 2001, pp. 84-85.

posa, a mis hijos y a mis amigos. Aun mis pacientes, que de algún modo también conformaban parte de mi vida.

Este viaje tuvo un profundo impacto en mi vida, relacionado en gran medida con un libro providencial. Como hacía habitualmente, llevaba uno o más libros y en esta oportunidad llevé un libro que ya había comenzado y que me había atrapado en su lectura. Se titulaba *Jung y la historia de nuestro tiempo*. El autor era el afamado escritor sudafricano Lawrence Van Der Post. Este literato y pensador africano fue amigo íntimo del gran psiquiatra Carl Gustav Jung. Ambos solían encontrarse periódicamente y compartían largas y animadas conversaciones en las cuales intercambiaban sus experiencias y proyectos. En el libro, Van Der Post desarrolla con excelente estilo literario el pensamiento de su amigo, a quien también admiraba y respetaba profundamente.

Jung aceptaba que el inconsciente de una persona podía generar manifestaciones patológicas pero, para él, el inconsciente era mucho más que eso: era un espacio rico y generador de salud, que estaba a la vez abierto a los misterios del mundo interior del ser humano. Sus estudios sobre el alma, analizada sobre la base de las experiencias de sus pacientes y de su propia persona, marcaron un avance significativo sobre el destacado protagonismo del alma humana en la estructura psíquica de la persona.

Los tesoros escondidos del alma

> *Además el reino de los cielos es semejante a un tesoro escondido en un campo, el cual un hombre halla y lo esconde de nuevo; y gozoso por ello va y vende todo lo que tiene y compra aquel campo.* Mateo 13: 44

El amor universal no sólo es psicológicamente posible, sino la única, completa y definitiva forma de amar.

Pierre Theilhard De Chardin

En el transcurso de este viaje leí apasionadamente este libro pero mi interés llegó a un clímax cuando descubrí una frase particular de Jung que me llegó al alma. Por medio de ella literalmente recibí una invitación y una visión para realizar un peregrinaje hacia lo más profundo de mi ser y conocer los tesoros que Dios había depositado en mi alma. Como en la parábola de Jesús sobre el tesoro escondido, era necesario vender todo para comprar ese campo, para hallar las claves de lo que Dios había puesto cuando sopló en mí el aliento de vida y me entregó el alma, y junto con ella, el camino que Él había preparado para mi vida.

Las palabras de Carl Jung son las siguientes:

> Yo descubrí que mientras más miraba dentro de mi propio espíritu y del espíritu de mis pacientes, veía extenderse ante mí un misterio interior objetivo e infinito, tan vasto y maravilloso como un cielo lleno de estrellas desplegado sobre nosotros en una noche de invierno clara y sin luna.[2]

Este pensamiento de Jung caló en mi muy profundamente. Creo que llegó en el momento oportuno y que estaba preparado para recibir este mensaje en ese momento y en esas circunstancias de mi vida, incluyendo este viaje en particular. Yo había estado durante algún tiempo introduciéndome en la práctica de la oración y la meditación en silencio delante de Dios, y en ese momento comprendí que explorar el misterio que moraba en mi ser

---

[2] Lawrance Van Der Post, *Jung y la historia de nuestro tiempo*, Sudamericana, Buenos Aires, 1978, p. 223.

se podía transformar en la tarea más importante: no sólo llegar al inconsciente, sino ir más profundo en mi ser y conocer mi alma y en ese encuentro descubrir lo que Dios había preparado para mi vida y conocer mi nombre secreto y mi tarea. No podía salir de mi asombro ante lo que acababa de leer: "...veía extenderse ante mí un misterio interior objetivo e infinito, tan vasto y maravilloso como un cielo lleno de estrellas..." Quizás habría leído o escuchado antes un concepto similar; pero ahora todo mi ser estaba preparado para permitir que llegara como una flecha a mi alma y produjera una verdadera transformación interior. Era un pensamiento que, además de profética y reveladora, era poéticamente bella. La viví como un regalo de Dios. De pronto se me abría un espacio inmenso de libertad, un regalo para que mi alma se despojara de ataduras y se lanzara a una aventura inagotable y apasionante. Sentí en mi corazón que las ataduras de mi alma se liberaban, que yo conquistaba un espacio dentro de mí que nunca había soñado poder hacer. Debía darle alas a mi alma.

Ese espacio interior abierto y esa libertad me acompañaron por el resto del viaje y hasta el día de hoy. Recuerdo que cuando llegué, en una escala en Colombia, donde debía pasar la tarde y la noche para continuar mi viaje al día siguiente, no podía dejar de pensar en esas palabras que habían calado en mí tan profundamente y de como me habían inspirado. A la vez que feliz, estaba confrontado conmigo mismo; me sentía por momentos feliz y también algo temeroso y aun con cierta incertidumbre ante la posibilidad que se me ofrecía. ¿Estaría bien que me abriera a esa dimensión de mi alma y de Dios? También tuve pensamientos no exentos de preocupación: ¿No perdería la cordura... o la fe en este proceso? Entonces volví al libro y a la página en la que estaba la cita de Jung. A continuación Van Der Post continuaba haciendo referencia a la afirmación de Jung, las cuales me trajeron paz:

No era, recalcaba Jung, ni un mundo meramente subjetivo ni tan sólo de instintos reprimidos. Era este paisaje interior, este mundo de extrema realidad interior objetiva, cargado con la experiencia de toda la vida y todas las posibilidades de la vida posible, ordenado en pautas de energía y provisto de un infinito sentido de dirección, de una suerte de radar incluido y de sistema de señales propio.[3]

Esas palabras me sonaron maravillosas y me empujaron a continuar en el proyecto que acababa de avizorar sobre la aventura de un peregrinaje a mi ser interior, a mi alma, un peregrinaje que debía realizar con confianza y con valentía, depositando mi fe en que Dios mismo me llevaría de la mano en este apasionante viaje. Nuevamente cito a Sarah York: "Un peregrino es alguien que `no está en su hogar´, pero yo afirmaría que el corazón peregrino está donde nos sentimos en casa sin estar en nuestro hogar; el corazón peregrino siente el hogar en lo desconocido".[4]

Yo sería un peregrino en mi propio ser, pero avanzaría en ese camino como si recorriera una senda nunca transitada ¡Vaya, qué maravillosa aventura!

Cuando ya había llegado a la escala prevista en Colombia, realicé un corto paseo por las calles de Bogotá cercanas al hotel en el que estaba alojado. De pronto me encontré con una bella y antiquísima iglesia colonial. Entré en ella y leí un cartel con los datos de la construcción: "Iglesia de la tercera orden seglar Franciscana, en 1780, en estilo barroco rococó, tallado en madera de roble." En ese lugar lleno de historia y de espiritualidad, me arrodillé e hice esta simple y sentida oración: "Amado Señor, abre mi mente, mi corazón y mi alma; que pueda tener una visión uni-

---

[3] *Ibíd.*, p. 223.
[4] Sara York, *op. cit.*, 2001, p. 94.

versal de tu realidad. Permíteme conocer tus secretos sin jamás dejar de serte fiel. En el bendito nombre de Jesús. Amén"

Pisando tierra santa

> Bueno es el Señor a los que en Él esperan, al alma que le busca. Lamentaciones 3:25

> *La única manera posible de dar significado a la existencia es elevar la relación natural con el mundo a una relación espiritual.* Albert Schweitzer

En ese momento algo trascendente ocurrió en mí: descubrí que podía llegar al espacio del alma, y percibí que estaba en territorio de Dios, en tierra sagrada. Sentí que debía caminar con pasos lentos, avanzar en la oscuridad hasta que mi visión se aclarara adaptándose a ese terreno desconocido.

Macrina Wiederkehr expresa bellamente este momento que yo estaba atravesando:

> *Así que recuerda. Si Dios alguna vez te habla desde el fuego, sácate los zapatos y deja que tu profeta interior pueda nacer.*

> *El Moisés en mi corazón tiembla*
> *no necesariamente deseando*
> *aceptar al profeta escondido en mi ser,*
> *cuestionándose cuánto costará*
> *permitir que el profeta salga a la luz.*

> *"Oh niño que no necesitas tus zapatos.*
> *Quítatelos y párate preparado*
> *en esta tierra santa.*

Porque el Egipto que se vive en la gente
demanda que mires la zarza ardiendo
a tu alrededor, en llamas
ardiendo salvajemente,
llamándote
llamándote que salgas de la comodidad
de tus zapatos cómodos.

La tierra en la que estás parado es santa
¡Quítate los zapatos!
La tierra de tu ser es santa
¡Quítate los zapatos!
Despierta tu profeta dormido
cree en tu Moisés
y ve..." [5]

¿Hay un profeta en nosotros que debemos dejar nacer? Sí, pero debemos comenzar por aceptar el proceso de preparación que Dios quiere realizar en nuestro ser interior. Debemos luego aceptar que allí Él prepare al profeta como hizo con Moisés, quien pasó cuarenta años de vida cómoda y protegida, educándose y gozando de los bienes materiales y del poder. Luego fue llevado al desierto para que se conociera a sí mismo en la intimidad, en soledad y despojo, solo frente a su corazón y a su alma. Recién entonces Moisés estuvo listo para recibir la visitación de Dios en el fuego de una zarza en el desierto. Allí se encontró con su Señor, *Yavéh*, aquél que ardía sin consumirse. Entonces estuvo preparado para ser profeta y líder del pueblo de Dios e invertir sus últimos cuarenta años en guiarlo a la tierra prometida.

---

[5] Macrina Wiederkehr, *Seasons of your heart* (Las épocas del corazón), Harper Collins, 1991, pp. 20-24.

Nuestra tierra prometida es la tierra del alma y necesitamos llegar a conocernos en ese nivel de profundidad de nuestro ser, en la intimidad, con nuestra alma y con Dios. Esa es tierra santa, la tierra en la que podemos descansar y disfrutar de la abundancia de leche y miel, que son el alimento dulce al paladar y que nos dan fortaleza para continuar nuestro peregrinaje.

Al llegar a la tierra santa habremos llegado al reposo prometido. Ya vendrá el reposo del cielo, el cual será pleno e indescriptiblemente bello. Sin embargo, si bien debemos esperar por aquel reposo prometido, descubriremos que ya podemos disfrutar un anticipo de él. El descanso ha llegado aquí y ahora, mientras andamos por este mundo, y ha llegado a nuestro ser integral: cuerpo, alma y espíritu. Escucharemos el susurro de Dios en nuestra alma: "En descanso y en reposo seréis salvos, en quietud y confianza será vuestra fortaleza." (Isaías 30:15).

La disciplina del silencio y la meditación

Vivimos en una cultura en la que estamos acostumbrados a hablar mucho. Aun cuando oramos, no paramos de hablar: le hablamos a Dios como si habláramos con una persona más de nuestro círculo. Usamos todos los días las palabras para manipular a quienes nos rodean, y cuando llega el momento de la oración, no cambiamos el hábito y queremos manipular también a Dios. No tomamos conciencia de que estamos en presencia de "un lugar silencioso en el mercado": *"Estad quietos y conoced que yo soy Dios"* (Salmo 46:10).

> Estas son palabras para que las llevemos con nosotros en nuestras vidas trajinadas. Podremos pensar en el silencio, en contraste con nuestro mundo ruidoso. Pero quizá podamos ir más allá y mantener un silencio interior aun mientras seguimos en nuestros negocios,

enseñamos, trabajamos en la construcción, hacemos música u organizamos reuniones.

Es importante mantener un lugar silencioso en el "mercado". Ese es el lugar donde Dios puede morar y hablarnos. También es un lugar desde donde nosotros podemos hablar de manera sanadora con todas las personas con quienes nos encontramos en nuestro ocupado día. Sin ese lugar silencioso empezamos a dar vueltas como un trompo. Nos convertimos en personas aceleradas, que corren de un lado al otro sin una dirección determinada. Pero con ese silencio Dios puede ser nuestro amable guía en todo lo que pensamos, decimos o hacemos."[6]

Dios quiere pasar un tiempo en silencio con nosotros, de la misma manera que Jesús pasaba tiempo en silencio a solas con su Padre. Necesitamos hacer silencio para aquietarnos, profundizar dentro de nosotros mismos y escuchar a Dios hablándonos si Él desea hacerlo. ¿Cómo podría Él hablarnos si no paramos de hablar nosotros y, debido a ello, hemos perdido la capacidad de escuchar? Si estamos en silencio en Su presencia, Dios entonces puede hablarnos si así lo desea, o quizás Él simplemente quiera pasar tiempo con nosotros en quietud y silencio. Es Su voluntad la que lo dispondrá, pero estamos ante Él disfrutando de Su presencia, Su cercanía y Su amor.

La palabra "meditar" proviene etimológicamente del latín *medi-stare* y significa "estar en el medio" o "habitar en el centro" o "permanecer en el centro". Esto no significa que adoptamos una actitud de meditación con el propósito de centrarnos en nosotros mismos, sino porque buscamos encontrar "nuestro

---

[6] Henri Nouwen, *Pan para el viaje*, Lumen, Buenos Aires, 1997, Devocional del día 20 de marzo.

centro" ubicándonos en el silencio de Dios. Aceptamos la debilidad humana, nuestra flaqueza y humildad ante la presencia soberana y amorosa de Dios.

En realidad estamos invitados a transitar un camino que apunta al misterio, al lugar en el que Jesús experimentó su unicidad con el Padre. Es también el lugar de la zarza ardiente desde el cual Dios le habló a Moisés. Es tierra santa, un lugar sagrado. Jesús pidió en su oración sacerdotal: "Para que todos sean uno. Como Tú Padre estás en mí y yo en Ti; que ellos también sean uno en nosotros y el mundo crea que Tú me has enviado." (San Juan 17:21).

El silencio de Dios en un relato rabínico

Hay un relato rabínico que cuenta que un grupo de judíos discutían sobre qué fue lo que realmente sucedió en el Monte Sinaí, lo cual constituyó un acontecimiento trascendente para los judíos.

El primero aseguraba que Dios hizo entrega de la Torá completa, palabra por palabra. El segundo decía que Dios pronunció sólo diez frases, lo que conocemos como los Diez Mandamientos. Una tercera persona recordó la antigua leyenda del Talmud que cuenta que Dios no pronunció las diez frases, sino tan sólo las dos primeras ("Yo soy el Señor tu Dios..." y "No tendrás otro Dios más que Yo"). Entonces comentó: "Después de todo, las dos primeras frases son el fundamento de todo el Judaísmo. Entonces alguien que tenga presente que hay un Dios que hace a los hombres libres y que no existen otros dioses, probablemente será una persona religiosa." Una cuarta persona afirmaba que Dios pronunció una sola frase: "Yo soy el Señor tu Dios". Esta persona pensaba que si Dios había pronunciado una sola frase sería la más importante: que hay un Dios.

"No. Dios ni siquiera dijo tanto", insistió una quinta persona. "Lo único que dijo Dios fue la primera palabra de la primera frase: "YO (en hebreo, Anochi)". Y los cinco se mostraron de acuerdo en que, si Dios había pronunciado una sola palabra, ésta habría sido Anochi, porque con ella se afirma la importancia del yo.

Entonces, un rabino que había escuchado toda la discusión se acercó y dijo: "Ni siquiera la primera palabra. Todo lo que Dios dijo fue la primera letra de la primera palabra de la primera frase, lo que en hebreo coincide con la primera letra del alfabeto, Alef."

–Pero nosotros creíamos que el Alef era una letra muda– replicaron los otros.

–Casi, pero no muda por completo– respondió el rabino. Si se fijan, verán que el Alef produce un sonido minúsculo, un sonido muy leve que es el comienzo de todo sonido. Abran la boca y empiecen a hacer un sonido ¡Paren! Eso es Alef. Dios hizo el sonido del Alef tan silencioso que si se hiciera cualquier otro ruido, sería imposible oírlo. En el Sinaí, todo lo que el Pueblo de Israel necesitaba oír era el sonido del Alef. Eso significaba que Dios y el pueblo Judío podían iniciar una conversación."

La conclusión: no todos oyen ese suave sonido del Alef cuando Dios está dispuesto a hablar, pues muchas veces lo tapamos con nuestras propias voces o con nuestro pensamiento incontenible que no logra aquietarse lo suficiente como para escuchar la voz de otra persona, y mucho menos la de Dios; Él nos habla a cada uno de manera personal, teniendo en cuenta nuestra fortaleza, sabiduría y preparación. Tanto Moisés como Aarón oyeron la misma palabra de Dios. A Moisés le dijo: "Ve a Egipto a liberar a los judíos." A Aarón, que ya se encontraba en Egipto, le dijo: "Ve al desierto a encontrarte con tu hermano Moisés: necesita tu ayuda."

La voz de Dios es tan potente y aterradora que Dios la suaviza creando un sonido diferente para cada persona. Habría incluso un tono de voz especial para los oídos de los niños pequeños.[7]

El misterio y la revelación de una Palabra en medio del silencio

Silencio. Este es el nombre de una bella y enigmática poesía del poeta y escritor brasileño Rubén Alves, teólogo presbiteriano, autor de libros y artículos sobre temas religiosos, pedagógicos y existenciales, además de una serie de libros de cuentos infantiles. Fue también psicoanalista y educador. Citamos algunos párrafos de esta extensa y bella poesía que el lector puede consultar en el libro citado abajo:

SILENCIO

"*...Conocimiento del habla pero no del silencio, conocimiento de las palabras e ignorancia de la Palabra...*" T.S. Eliot

Hay palabras que decimos porque nos acordamos de ellas.
Poseídas, guardadas, permanecen allá, a la espera,
y vienen, obedientes, como animales domésticos...

---

[7] Lawrence Kushner, *El libro de los milagros*, Sirio, Buenos Aires, 1999, pp. 41-42.

Pero hay palabras que no decimos: ellas se dicen,
a pesar de estar olvidadas.
No son nuestras:
viven en nosotros, sin permiso. Intrusas
y no le hacen caso a nuestra voz.
Son como el Viento,
que sopla por donde quiere
y no sabemos ni cómo vino ni hacia dónde va.

Entra en el silencio
lejos de las muchas palabras,
y escucha la única Palabra
que subirá desde el fondo del mar.
Una Palabra única y más poderosa que muchas:
la pureza del corazón es desear una sola cosa...
Una palabra única:
aquella que dirías
si fuese la última por decir.
Basta con escuchar una vez y, entonces,
el silencio...

Haz silencio...
Escucha... [8]

Carl Jung y su peregrinaje al alma

Carl Gustav Jung, luego de su larga y exitosa carrera profesional como médico psiquiatra y ya retirado de la actividad profesional, pasó los últimos años viviendo en una torre a orillas del Lago de Zurich, hecha de piedras talladas por él mismo, llamada La Torre de Bollingen. Esta torre, en la cual habitó en soledad,

---

[8] *El Salmo fugitivo: Antología de poesía religiosa latinoamericana*, selección e introducción de Leopoldo Cervantes-Ortiz, Clie, Barcelona, 2009, p. 427-431.

era para él una representación de los estudios y descubrimientos de su exploración interior que llevaba sobre su propia alma. La casa tenía un mástil, y cuando Jung estaba estudiando o escribiendo, ponía una bandera de color para avisarles a sus amigos que no lo interrumpieran. Los amigos sabían que sólo podían visitarlo y pasar un buen momento con el maestro cuando la pequeña bandera no estuviera izada.

Carl Jung fue un apasionado estudioso del alma. Comenzó analizándola sobre la base de las experiencias de sus pacientes y luego también de su propia persona, considerando su material inconsciente, sobre todo a través de los sueños. Esto lo llevó a profundizar en su conocimiento y a maravillarse de su riqueza interior, dejando así, a través de sus escritos y dibujos ilustrativos, un valioso legado para toda la humanidad.

Él declaraba que el ser humano es religioso por naturaleza y en su trayectoria resaltó el valor de esta experiencia para el entendimiento de la mente humana, rescatando simbolismos de la tradición cristiana y reinterpretándolos desde su perspectiva psicológica. Por esto mismo, la religiosidad y la espiritualidad fueron los objetos principales de su estudio. Jung solía repetir: "Una auténtica espiritualidad es el mejor medicamento para todos los sufrimientos del alma."

Una experiencia personal: sueño de una señora, un jinete y su caballo

Mientras yo estaba escribiendo este libro, cierta vez tuve una larga conversación con un amigo que había asumido recientemente una tarea como líder de un grupo de jóvenes de su iglesia. En esa conversación él me compartía su preocupación sobre cómo llevar adelante esa tarea tan importante y demandante, siendo que él tenía su trabajo secular como profesor y una familia que atender y cuidar. Si bien previamente había trabajado apoyando a este grupo, no tenía como objetivo ocupar como líder esa responsabilidad en el futuro. Pero ocurrió que en una asamblea de su iglesia en que se trataba la marcha de ese grupo de jóvenes, se propuso su nombre como el del candidato indicado por consenso de todos los presentes, quienes compartían el criterio de que él era la persona que reunía las condiciones para realizar esa tarea. Ante esta determinación del grupo, aceptó la propuesta, no sin cierta preocupación por la responsabilidad que esto implicaba.

Luego de esa conversación que tuvimos con mi amigo, esa noche tuve el siguiente sueño: había habido una batalla y, en medio de una formación militar de un tiempo remoto, se anunció, con tono de reconocimiento público por su tarea realizada, "a la señora y a su eterno caballo Issa".

En ese momento me desperté y anoté esas palabras. Al encender la luz, mi esposa también se despertó y me preguntó qué estaba haciendo. Le conté que estaba anotando un sueño y se lo comenté. Ella me dijo: "Issa es el nombre de Jesús en el idioma musulmán", y ella lo recordó porque habíamos visto una película unos días antes en la que se mencionaba precisamente ese nombre. Le agradecí a Mónica por esa importantísima información. Enseguida vino a mi mente "la señora" del sueño. ¿Quién sería ella? Con toda certidumbre comprendí que esa señora era mi alma que participaba activamente como protagonista del sueño. En realidad, a esta conclusión no me costó llegar porque vi su imagen: ella cruzó por un instante, en un primer plano, por el frente de la escena que yo veía sobre el fondo de mi sueño. La percibí como a una mujer adulta mayor, muy bella y, a la vez, con una extraña combinación en su expresión, adusta, inteligente, justa y bondadosa. Me despertó un sentimiento de que ella y yo compartíamos una antigua e íntima amistad y me dio confianza.

En ese mismo momento de la noche, pensando en el sueño, vino a mi memoria un relato que mencionó el doctor John Patrick, que vino como conferencista de visita a nuestra iglesia. El relato era el siguiente: hay una tradición de la iglesia cristiana que ha sido revelada a distintas personas en distintas culturas y tiempos, y que ha quedado registrada en relatos escritos y en pinturas que expresan lo siguiente: Jesús es un caballo blanco, poderoso e independiente (era sin duda "el eterno caballo Issa" del sueño). El caballo es quien decide y quien toma la iniciativa. El cristiano con su alma es el jinete que está vestido para la guerra y es enviado a ella cada día a enfrentar nuevas batallas, pero él no es quien tiene las riendas: quien decide a qué guerra debe acudir es el caballo. El caballo no realiza la pelea, pero está disponible para ayudar de inmediato al guerrero si es que éste tiene problemas.

¿Era ese un mensaje para mí de parte de Dios? ¿Era un mensaje para la persona con quien había estado hablando el día anterior? No estaba seguro de la respuesta a esa pregunta. Debería tomarme un tiempo para orar y meditar sobre el contenido del sueño. De lo que sí estaba seguro era que Dios me había hablado en sueños.

8

Sexualidad, espiritualidad y alma

La vida espiritual realza nuestra sexualidad y le proporciona dirección; a su vez, nuestra sexualidad provee la dicha a la vida espiritual que nos es propia en una dimensión terrena. Richard Foster

> *Goza de la vida con la mujer que amas, todos los días de la vida.* Eclesiastés 9:9a

La Iglesia en su relación a la sexualidad y la espiritualidad en la historia

En la Biblia encontramos numerosas referencias a la sexualidad y la espiritualidad y éstas no están en contradicción sino que se enriquecen mutuamente, ambas unidas en los maravillosos planes de Dios para la vida del hombre y la mujer. Sin embargo, debemos admitir que en la historia de la Iglesia muchas veces ha existido una división entre sexualidad y espiritualidad.

Hay dos temas conflictivos que se instalaron luego de la era apostólica como consecuencia de la filtración del pensamiento griego en la iglesia. En primer lugar, como fruto del pensamiento platónico que separaba el cuerpo del alma y le asignaba al cuerpo una connotación negativa se afirmaba que el placer físico es malo. En segundo lugar, se afirmaba que debían preservarse las relaciones sexuales sólo para la procreación.

Desde esa época comenzó a verse al placer sexual como enemigo de la vida espiritual.

Hay que reconocer que la iglesia no ha mantenido el concepto de exaltación de la sexualidad que encontramos en las Escrituras. Al contrario, empobreció el erotismo exento de vergüenza que encontramos, por un lado, en los relatos de la creación, según los cuales el hombre y la mujer estaban desnudos sin avergonzarse, y, por otro lado, en el *Cantar de los Cantares*, que se refiere con espontaneidad al amor con contenidos de erotismo. También se ha distorsionado y negado el apoyo que Jesús y el resto del Nuevo Testamento dan al sexo y al matrimonio.

Quizás la motivación más fuerte de la postura general de la iglesia respecto al tema de la sexualidad fue el temor a las desviaciones. Pero, nuevamente aquí, debemos depositar nuestra confianza en que Dios es el que pone los límites en el ser humano para controlar sus pasiones. Como dice Richard Foster:

> La sexualidad es como un río caudaloso y profundo, bueno siempre que permanezca dentro del cauce apropiado, pero destructor en el momento en que se desborda. Cuando el sexo rebasa las márgenes que Dios le ha puesto, también se convierte en algo destructivo.[1]

El rabino Harold Kushner también utiliza la imagen de las muchas aguas para referirse al tema del autocontrol, y agrega un dato de vital importancia: es Dios mismo quien pone los límites

---

[1] Richard Foster, *Sexo, dinero y poder*, Betania, Puerto Rico, 1989, p. 90.

y con ello nos da su ayuda misericordiosa en tiempos difíciles. En su análisis del Salmo 23 este destacado escritor afirma:

> Cuando el salmista alaba a Dios por conducirlo junto a aguas de reposo, no sólo le agradece por proporcionarle agua fresca para saciar su sed. Agradece a Dios por mantener las aguas tranquilas, por mantenerlas gobernables, menos amenazantes. Está agradeciendo a Dios por la bendición del autocontrol. El Dios que establece límites para las olas del mar; el Dios que prometió a Noé que la lluvia nunca más volvería a cubrir la tierra entera arrasando todas sus formas de vida, estableció límites para los impulsos turbulentos dentro de cada uno de nosotros, diciendo: hasta aquí llegarás y no más, y si no puedes detenerte, llámame y déjame ayudarte.[2]

Existe una interacción sanadora entre la sexualidad y la espiritualidad. Aun en casos de patología sexual, una espiritualidad sana puede traer salud psíquica y emocional para superarla. También cuando una persona cae en posturas espirituales rígidas, legalistas y farisaicas, la ternura de una sexualidad sana puede ablandar ese corazón duro como la piedra.

Visión bíblica de la sexualidad, el alma y la espiritualidad

> *Por eso el hombre dejará a su padre y a su madre para unirse a su esposa, y los dos llegarán a ser una sola persona. Tanto el hombre como su mujer estaban desnudos, pero ninguno de los dos sentía vergüenza de estar así.*
> Génesis 2:24-25

---

[2] Harold Kushner, *El Señor es mi pastor: la sabiduría reparadora del Salmo 23*, Emecé, Buenos Aires, 2003, p. 71.

En el libro de Génesis encontramos que la creación del hombre y la mujer fue hecha en el sexto día de la obra creadora de Dios. Él dejó el día séptimo para la creación del tiempo de reposo como culminación; y bendijo el día séptimo y lo santificó porque terminó la obra que había creado (Génesis 2:1-4).

En Génesis 1:27 leemos: "Cuando Dios creó al hombre, lo creó a su imagen; varón y mujer los creó." (DHH). Encontramos aquí que la sexualidad está ligada a la *Imago Dei*, a la imagen que Dios dejó grabada en el alma del ser humano. Una manifestación de este misterio se expresa en el hecho que juntos, varón y mujer, llegan a conformar la imagen más cabal de Dios, quien siendo tres personas con un amor perfecto, son a la vez una; así, el hombre y la mujer, cuando se unen en matrimonio, siendo dos llegan a ser uno. Ambos, en el amor y en el compartir diario de la vida, y particularmente en la relación sexual, llegan a fusionarse entrelazados en cuerpo y alma.

Tanto el hombre como su mujer estaban desnudos, como lo expresa Génesis 2:23. Se encontraban expuestos tanto física como emocionalmente, y también sus almas estaban al descubierto a los ojos espirituales del cónyuge, sin sentir pudor ni vergüenza, expuestos el uno al otro con gozosa naturalidad y sin nada que esconder, pues aún no habían caído en pecado y por eso no se avergonzaban. Por su parte, Jesús, el gran intérprete y quien le otorgó el verdadero sentido y propósito a la antigua Ley, menciona este pasaje.

Jesús pone la sexualidad en su justo contexto: llegar a ser una sola persona, es decir, estar unidos en cuerpo y alma, compartir las intimidades, confesarse las actitudes egoístas, los celos, los malos pensamientos, para convivir sin ocultar su intimidad, tanto física como emocional y espiritual. Aquí hay, entonces, un conocimiento, fruto de la apertura del uno al otro, de comunicación, de comunión y de complementación para estar desnudos sin avergonzarse, pues se muestran tal como son, en la práctica de la confesión, el perdón y la aceptación mutua. Eso es lo que Dios desea y ha planeado para el hombre y la mujer unidos en matrimonio, siendo fieles el uno al otro por medio del amor y del compromiso mutuo.

John Stott escribe en relación con el séptimo de los Diez Mandamientos, "No cometerás adulterio":

> Los cristianos creen que el sexo, el matrimonio, y la familia son buenos dones del Creador. Creemos que desde el comienzo de la vida humana Dios nos hizo de género masculino y femenino, que nuestra sexualidad distintiva (masculina y femenina) son creación de Dios, y que él instituyó el matrimonio (fue su idea, no la nuestra) con el propósito de la mutua satisfacción de la pareja, además de la procreación. Pablo añadió luego la hermosa verdad de que se espera que el esposo y la esposa reflejen por medio del amor mutuo la relación entre Cristo y la Iglesia.[3]

La sexualidad del hombre y la mujer no es simplemente un accidente de la especie ni una mera forma conveniente de perpetuar la raza humana, sino algo central en nuestra verdadera humanidad a imagen de Dios. Existimos en una relación de hombre y mujer. El hecho de ser individuos sexuados, de tener la capacidad de amar y de ser amados está íntimamente ligado a nuestra creación a imagen de Dios. ¡Este sí que es un concepto elevado de la sexualidad, del alma y de la espiritualidad!

---

[3] John Stott, *Toda la Biblia en un año*, Certeza, Buenos Aires, 2013, p. 302.

Amor y sexualidad

> *Dónde está mi corazón que se fue tras de Esperanza*
> *tengo miedo que la noche me deje también sin alma,*
> *dónde está la palomita que al amanecer lloraba,*
> *se fue muy lejos dejando sobre mi pecho sus lágrimas.*
>
> *Cuando se abandona el pago y se empieza a repechar,*
> *tira el caballo adelante y el alma tira pa' atrás.*
>
> Atahualpa Yupanqui (Zamba "La añera")

Cito el *Cantar de los Cantares* en este caso para ilustrar cómo este libro del Antiguo Testamento expresa, desde su primer poema hasta el último, un canto al amor del hombre y la mujer. En una breve introducción a este libro en la Biblia de estudio *Dios habla hoy* dice:

> La transparencia del lenguaje empleado deja pocas dudas acerca del sentido y la finalidad de estos cantos al amor humano. Sin embargo, la interpretación literal ha sido rechazada muchas veces, tanto por intérpretes judíos como cristianos. La razón aducida para fundamentar este rechazo es que en un libro sagrado como la Biblia no habría lugar para un conjunto de cantos profanos, dedicados exclusivamente a celebrar las excelencias del amor entre el hombre y la mujer. Esta objeción ha condicionado durante siglos la interpretación del *Cantar de los Cantares*. Basta con recorrer las primeras páginas de la Biblia para descubrir que el amor y la sexualidad, además de ser un don de Dios, desempeñan un papel fundamental en la realización del plan divino sobre la creación. Según el primer capítulo del Génesis, en efecto, la humanidad creada a imagen de Dios tiene como una de sus características

esenciales la división y la complementariedad de los sexos.

Esta cita que acabamos de leer pone un fuerte énfasis en la relevancia de la sexualidad en los planes de Dios para el crecimiento y la felicidad del hombre y la mujer. Este punto es precisamente el que estamos desarrollando en el transcurso de este capítulo.

Debo agregar, sin embargo, que en lo personal no encuentro contradicción entre la interpretación alegórica y la del amor entre el hombre y la mujer. El libro habla metafóricamente sobre el amor de Jesús por la Iglesia, su prometida, esperando ambos, y deseándose mutuamente. Esto se ve expresado en las palabras finales del *Apocalipsis*, en que los amados se invitan al encuentro mutuo y el Novio le promete a la novia: "Sí, vengo pronto". Se esperan con las ansias de unirse en el amor, y el momento de consumarlo será el casamiento en las Bodas del Cordero, en el final de los tiempos.

Los temas de la sexualidad del libro *Cantar de los cantares*

Encontramos en este libro cuatro grandes temas de la pasión expresados con ternura y con gran sabiduría sobre los tiempos del amor sexual:

1. Intensidad. Lo manifiesta mediante frases henchidas de amor que expresan gran belleza poética, inspiradas en el mutuo enamoramiento: *"¡Sustentadme con pasas, contentadme con manzanas, porque estoy enferma de amor!"* (Cnt 2:5). Más adelante agrega: *"Me levantaré ahora e iré por la ciudad, por las calles y por las plazas. ¡Debo hallar al que ama mi alma! Lo busqué pero no lo encontré. Me hallaron los guardas que rondan la ciudad. ¿Habéis visto al que ama mi alma? Apenas los había pasado, hallé al que ama mi* *alma, me prendí de él y no quise soltarlo, hasta que lo introduje en la casa de mi madre, en la alcoba de la que me concibió"* (3:2-4).

2. Control. *"Tenemos una hermana pequeña, que aún no tiene pechos. ¿Qué haremos por nuestra hermana en el día en que sea pedida? Si ella es muro, le pondremos torrecillas de plata, y si es puerta, la reforzaremos con tablones de cedro"* (8:8-9). En el versículo 10, ella recuerda lo que decían sus hermanos para protegerla cuando era niña. Y ahora le confirma que se ha mantenido fiel para su amado: *"Yo soy muro, y mis pechos son torreones, y ahora soy a sus ojos como la mensajera de paz"*. Además, en 4:12 y 4:16 él expresa que ella se ha reservado para su amado: *"Huerto cerrado eres, hermana mía, esposa mía, fuente cerrada, manantial sellado."*

3. Reciprocidad. Ambos están implicados, ambos inician, ambos reciben. Ambos hablan y se gratifican sin vergüenza. Ella dice: *"Mi amado es para mí manojito de mirra, que reposa entre mis pechos"* (1:13); *"Soy la rosa de Sarón y el lirio de los valles"* (2:1); *"Mi amado es como la gacela o el cervatillo. ¡Mirad! Está tras nuestro muro, mirando por las ventanas, atisbando por las celosías"* (2:9). Él le responde con frases de amor: *"He aquí eres hermosa, amada mía. ¡He aquí eres hermosa! Tus ojos son palomas a través de tu velo, tus cabellos como un rebaño de cabras que descienden al alba del monte Galaad"* (4:1).

4. Permanencia. En la cita que mencionamos, *"Hallé al que ama mi alma"* (3:4) se expresa que ambos aman la esencia del otro; aman el alma del amado. El tiempo pasa, pero ambos se siguen amando con igual pasión. La próxima frase muestra la realidad de la profundidad del amor sexual: amar el alma del ser amado es tan fuerte, tan poderoso, que está vinculado a la vida misma y a la muerte; ambos amantes están inseparablemente unidos en sus identidades; no pueden vivir el uno sin pensar en el otro. Esto es un misterio inescrutable: *"...porque fuerte como la muerte es el amor."* (Cnt 8:6-7) (citas de RVR 1977).

La enseñanza de Jesús sobre la sexualidad

Una de las grandes tragedias de la historia del cristianismo ha sido el divorcio que se ha hecho entre el sexo y la espiritualidad; y esto es aún más lamentable debido a la visión altamente gozosa que tiene la Biblia de la sexualidad humana. Richard Foster

El Señor Jesús subraya el alto concepto que tenía sobre la sexualidad y el matrimonio, respeta las enseñanzas del Antiguo Testamento y agrega su visión. Observa la sexualidad de una manera integral y no sólo los aspectos externos de ella, y dice: "... cualquiera que mira a una mujer para codiciarla, ya adulteró en su corazón" (Mt 5:28). Jesús condenó la lujuria porque rebaja el sexo, ya que niega la relación y convierte al otro en un objeto impersonal, en una cosa. Jesús consideraba la sexualidad como algo muy bueno y manifestó un alto concepto del matrimonio. En el pasaje de Mateo 19:4-6, Jesús le dijo a un grupo de fariseos que lo tentaban con preguntas sobre el matrimonio: "¿No han leído ustedes en la Escritura que el que los creó en el principio, hombre y mujer los creó"? Y añadió: "Por eso, el hombre dejará a su padre y a su madre para unirse a su esposa, y los dos serán como una sola persona. Así que ya no son dos, sino uno solo. De modo que el hombre no debe separar lo que Dios ha unido".

Este es un misterio: que dos seres, sin negar su individualidad, puedan llegar a ser uno. El apóstol Pablo honró el matrimonio y lo comparó con la relación de pacto existente entre Cristo y su iglesia. Cita el libro de Génesis, que afirma: "Por tanto dejará el hombre a su padre y a su madre, se unirá a su mujer y serán una sola carne." (Génesis 1.24), y añade: "Grande es este misterio; mas yo os digo esto respecto de Cristo y de la iglesia." (Ef. 5:32). El Apóstol Pablo recomienda la vida célibe (1Co 7), pero también afirma al matrimonio y aconseja la satisfacción mutua de los esposos: "el marido cumpla con la mujer el deber conyugal, y asimismo la mujer con el marido." (1Co 7:3).

Tanto en el Antiguo Testamento como en el Nuevo se nos hace un llamado a celebrar nuestra sexualidad. El sexo está ligado íntimamente a lo que somos de manera integral como personas con cuerpo, alma y espíritu.

Análisis psico-teológico de la sexualidad y de la espiritualidad

La sexualidad es un dinamismo difuso que incluye la totalidad del ser humano. Impregna todas las facultades y actividades personales y caracteriza a cada individuo como alguien singular. El hombre y la mujer son seres sexuados y, si bien la sexualidad no es el único aspecto constitutivo del ser humano, ésta tiñe las expresiones de su persona, sea la capacidad de sentir, de amar, de pensar y también la manera de expresar y vivir la espiritualidad.

El alma está vinculada fuertemente a la vida y unida fundamentalmente al disfrute del amor y de la sexualidad. Así también la espiritualidad cristiana es un proceso de crecimiento interior hacia el conocimiento de Cristo, bajo la dirección del Espíritu Santo para hacernos receptores del amor del Padre.

La sexualidad y el alma están fundidas en bella armonía en el Reino de Dios

MI ALMA ESPERA A SU AMADO

Mi alma ya no puede vivir sin el amor de Jesús. Sus ojos están sólo para mirar si llega el amado, sólo desea estar con Él y poder verlo y sentirlo nuevamente. Y si Él la visita, mi alma se extiende hacia Él y toda ella se transforma en manos para acariciar.

Jesús es tierno con mi alma y le habla palabras de amor y también la acaricia. Luego se va, y ella no sabe cuándo volverá, pero lo espera gozosa porque tiene Su promesa del regreso. Ella se siente segura, pues sabe que Él la ama. Sólo Él tiene la llave de mi alma y puede entrar y salir cuando lo desee. Mi alma lo espera, preparada para entregarse y recibir todo el amor, y su lámpara permanece siempre encendida y colmada del mejor aceite, esperando su visita.

La vivencia del éxtasis en el encuentro espiritual con Dios

Tradicionalmente la sexualidad y la espiritualidad han sido tratadas en carriles diferentes por la iglesia. Sin embargo, esta concepción ha ido cambiando profundamente. Hoy parece imposible una experiencia espiritual válida que no incluya alguna forma de colaboración constructiva de la sexualidad. Jesús cultivó una sexualidad delicada y sensible, junto con una actitud de comunicación para estrechar relaciones amistosas y su afectividad profunda, como también para dar testimonio de su intimidad de amor con el Padre.

Fue en virtud de su sexualidad que sus contemporáneos pudieron experimentar su humanidad. Jesús cultivó una particular relación con las mujeres que lo rodeaban, con devoción y especial dedicación. Tuvo un vínculo especial con María, la hermana de Lázaro, que permaneció absorta a sus pies meditando en sus palabras. La actitud de María era receptiva y fecunda, palabras éstas fuertemente ligadas a la espiritualidad y a la sexualidad. María de Betania nos da un ejemplo de cómo debemos proceder: "estaba sentada a los pies del Señor y escuchaba sus enseñanzas"

(Lc 10; 37). De las observaciones de Jesús en su defensa surge claramente que estaba ocupada en un tipo especial de actividad: escuchar la Palabra de Dios, una realidad más profunda que las palabras humanas. Estaba escuchando con todo su ser. De algún modo, era como si su identidad se consustanciara en la presencia de la palabra de Jesús dentro de ella.

La sexualidad, lejos de ser un problema para un mayor conocimiento de Cristo, es un aspecto de suma importancia en la espiritualidad cristiana. Tanto la espiritualidad como la sexualidad tienen aspectos comunes de los que se nutren y enriquecen mutuamente. Ambos aspectos tienden a la intimidad a través de la apertura "al ser amado" con el cual llegan a unirse por un tiempo fugaz en el momento de mayor intensidad y plenitud del encuentro, experimentando una vivencia única de consumación del amor, experimentando ese encuentro como un estar unidos o fusionados como si fueran una sola persona.

La espiritualidad busca la intimidad del encuentro con Dios. A la experiencia mística de este encuentro se la denomina *éxtasis*. Es un encuentro en el que nos desprendemos de nuestra propia identidad para fusionarnos con nuestro Creador. Esta es una experiencia que no se puede describir con palabras: es inefable. Es interesante que en el afán de alcanzar un conocimiento meramente racional de Dios, en desmedro del conocimiento íntimo de su persona, podemos llegar a abundar en definiciones y clasificaciones como conocimiento de una persona distante. Por el contrario, en la búsqueda de un acercamiento del conocimiento de Dios a través del camino del amor (mediante la lectura bíblica, la oración, la meditación y la contemplación) buscamos la intimidad con Dios. En ocasiones, para poder expresar esta experiencia, se recurre a la metáfora, a la poesía, la música y otras expresiones del arte y de la espiritualidad.

La experiencia del encuentro sexual del hombre y la mujer en el marco del amor es una experiencia tan rica y profunda que Jesús la utiliza para ilustrar las enseñanzas más sublimes de las realidades del Reino. La que más se destaca entre ellas es el amor entre Él y la Iglesia. En Apocalipsis 22:17 leemos cómo los amantes, Jesús y la Iglesia, se llaman mutuamente con un fuerte énfasis en la espiritualidad y la sexualidad: "El Espíritu Santo y la esposa del Cordero dicen: "¡Ven!". El versículo 20 del mismo capítulo 22 dice: "El que declara esto, dice: "Sí, vengo pronto". Amén. ¡Ven Señor Jesús!"

La experiencia de la intimidad sexual

AL SEPARARNOS

Nuestras dos almas se han confundido
En la existencia de un ser común,
Como dos notas de un sonido,
Como dos llamas en una luz.
                    Salvador Díaz Mirón[4]

En la experiencia sexual la búsqueda de intimidad y encuentro se da de parte del hombre y la mujer. Ese encuentro se da a muchos niveles de comunicación, los cuales implican una participación activa de la sexualidad: una caminata compartida, una conversación tomados de la mano, escuchar juntos una música que les trae recuerdos de su amor a través del tiempo. También son importantes las expresiones físicas de amor, como las caricias o el beso. Pero este encuentro halla su máxima expresión en el clímax del encuentro en el cual el hombre y la mujer viven la

---

[4] Salvador Díaz Mirón, poeta mejicano (1853-1928).

experiencia de que no sólo sus cuerpos están unidos: también lo está toda su persona, incluyendo su alma.

Rainer María Rilke expresa bellamente la unión del alma en la sexualidad en su poesía.

CANCIÓN DE AMOR

¿Cómo debo poner el alma, para
que no roce la tuya?¿Cómo debo
alzarla sobre ti, hacia otras cosas?
Ay, quisiera guardarla
junto a algo perdido, por lo oscuro,
en un lugar extraño y silencioso,
que ya no resonara cuando tu hondura vibra.
Pero cuando nos roza, a ti y a mí,
nos lleva juntos, cual arco de violín
que saca de dos cuerdas una nota.
¿En qué instrumento estamos extendidos?
¿Qué violinista nos tiene en la mano?
¡Oh, qué dulce canción![5]

Como en la experiencia mística del éxtasis, aquí también faltan las palabras para expresar la vivencia de la relación sexual. Y nuevamente debemos recurrir al lenguaje poético y al arte para poder dar expresión a esta experiencia tan profunda. Es consecuencia de esto que un altísimo porcentaje de la literatura, el cine y la música están inspiradas en el amor sexual del ser humano.

La sexualidad y la espiritualidad se enriquecen mutuamente. Quien vive una sexualidad sana puede comprender mejor los

---

[5] Rainer María Rilke, *Cartas a un joven poeta y selección de poemas*, Losada, Buenos Aires, 2004, p. 95.

códigos de la vida espiritual, como también quien vive una espiritualidad madura tiene un camino abierto para acceder a una vida sexual plena. En una experiencia sexual que es vivida con profundidad y con participación de la espiritualidad la persona percibe que está en relación de intimidad con el otro como un "tú" único e irremplazable.

Nuestro corazón inquieto sólo encuentra reposo en Dios

La inefable experiencia del encuentro del alma con Dios nos conduce a una perseverante búsqueda para alcanzar ese reposo experimentado y deseado de manera definitiva en nuestra alma. San Agustín describió con inspiradas palabras estas ansias, las cuales él describió como *Cor inquietum* (corazón inquieto):

Tarde te amé, oh belleza siempre antigua y siempre nueva, tarde te amé.
Tú me tocaste y ardí en deseos de tu paz.
Mi corazón inquieto no descansará hasta reposar en Ti.

De esta prosa surge un bello himno del alma humana:

CORAZÓN INQUIETO

Corazón Inquieto, que buscas la paz,
tanteando en la oscuridad.
Quieres encontrar una Luz
que alumbre tu caminar.

Tarde te amé,
hermosura tan antigua y tan nueva.
Tarde te amé.
Tú estabas dentro de mí, yo afuera.
Y por fuera te buscaba

por amor y amistad.
Ama y haz lo que quieras.

Reflexión final

La espiritualidad y la sexualidad nos conducen a experimentar la complementación enunciada por Dios en Génesis 1:27 "Cuando Dios creó al hombre, lo creó a su imagen; varón y mujer los creó." Hay una convivencia armoniosa de la sexualidad, la espiritualidad y el alma cuando están bajo la gracia y el *Shalom* de Dios.

IV

El alma y la vida

9

El alma
y la aventura de la vida

Pero los que confían en el Señor tendrán siempre nuevas fuerzas y podrán volar como las águilas; podrán correr sin cansarse y caminar sin fatigarse. Isaías 40:31

Creí que era una aventura y en realidad era la vida. Joseph Conrad

La experiencia de un aventurero de la vida

Fui a los bosques porque quería vivir deliberadamente, enfrentar sólo los hechos esenciales de la vida, y ver si podía aprender lo que ella tenía que enseñar, no sea que cuando estuviera por morir descubriera que no había vivido. Henry David Thoreau[1]

Henry David Thoreau fue un aventurero del alma. En un momento de su vida, viviendo en Concord, una pequeña aldea de cinco mil habitantes en Massachusetts, Estados Unidos, decidió ir a vivir a un bosque cercano, junto a una laguna llamada

---

[1] Henry David Thoreau, *Walden, la vida en los bosques*, Longseller, Buenos Aires, 2004, p. 51.

Walden. Allí estuvo algo más de dos años (1845-1847), sin más recursos que lo mínimo indispensable: quería proveerse de lo necesario para su supervivencia, tomando de lo que hallara en el lugar. Construyó una rústica cabaña de troncos que usó como vivienda. Quería vivir la vida pero en un contacto directo con la naturaleza: en relación con la tierra, el agua de la laguna, las plantas y los animales. Allí, solo consigo mismo y acompañado por su alma, escribió un diario en el que dejó plasmada su experiencia y su visión tan singular y profunda de la vida.

En esos días escribía Thoreau refiriéndose a los bienes materiales:

> La mayor parte de los lujos, o las llamadas comodidades de la vida, no son sólo innecesarios sino también impedimentos para la elevación de la humanidad.[2]

La definición de su proyecto es lo que encontramos descripto en sus palabras que encabezan el título de esta sección. Thoreau temía que llegara el día de su muerte y se diera cuenta, en ese crucial momento, cuando ya no había marcha atrás en el tiempo, que no había vivido, que había desperdiciado su vida en nimiedades y formalidades sociales, siguiendo estereotipos materialistas vacíos del verdadero contenido de la existencia humana. ¡Qué terrible momento debe ser ese! Creo que al lector, como a mí me sucede, le debe compungir el sólo pensar en un momento dramático e irreversible como si ante una encrucijada de la vida, nuestra conciencia nos dijera: "Me equivoqué al vivir, y ya es demasiado tarde para remediarlo. No llegué a conocer la verdadera esencia de la vida y tampoco pude llegar a disfrutar de la intimidad con mi alma... he vivido en vano".

---

[2] *Ibíd.*, p. 36.

De su diario personal durante la experiencia a solas con su alma, surgió un libro intitulado *Walden, la vida en los bosques* y a partir de ese escrito se transformó en alguien amado y reconocido como una mezcla de filósofo, profeta y aventurero:

> La superficie de la tierra es blanda y en ella se imprimen las pisadas humanas; y lo mismo sucede con los caminitos que recorre la mente. ¡Cuán estropeadas y polvorientas deben de estar, pues, las grandes carreteras del mundo; cuán profundas las huellas de la tradición y el conformismo! No quiero tomar pasaje de camarote, sino más bien ir delante del mástil, sobre la cubierta del mundo, porque desde allí podré divisar mejor la luz lunar entre las montañas. Ya no deseo viajar abajo.[3]

A tal punto llegó el amor y la admiración por este aventurero solitario en su país, que Ralph Waldo Emerson dijo sobre él: "No existió ningún norteamericano más auténtico que Thoreau."

Al terminar el diario de su tiempo a solas en los bosques de Walden, sus últimas palabras fueron:

> La luz que enceguece nuestros ojos es oscuridad para nosotros. Sólo alborea el día para el cual estamos despiertos. Hay aún muchos días por amanecer. El sol no es sino una estrella de la mañana.[4]

Con estas sabias palabras quiso expresar que hay que despertar cada mañana con la disposición de recibir un regalo de Dios. Vivir cada día como un tiempo único e irrepetible, pero estar "despiertos", conscientes y preparados con todo nuestro ser para recibir de manera fecunda ese tiempo que se nos regala.

---

[3] *Ibíd.*, p. 115.
[4] *Ibíd.*, p. 127.

Debemos estar conscientes de que estamos vivos y que la vida es bella, y sacar provecho de cada instante vivido, atentos a las novedades que el día trae consigo.

Thoreau reconocía que la clave de la vida pasa por la participación activa del alma, participación con la cual es posible alcanzar la plenitud de la existencia. Él lo grafica diciendo que ésta se logra desde las profundidades del ser y, como vimos ya, repite un ineludible principio referente al alma: que el dinero no puede jamás satisfacerla; ella ama la vida vivida con honestidad interior:

> La vida más dulce es la que está más próxima a los huesos. No podrás ser una persona frívola. Nada pierde el hombre en un nivel inferior por su grandeza en un nivel superior. Con riqueza superflua no puede comprar cosas sino superfluas. No hace falta dinero para cosa alguna necesaria para el alma.[5]

La vida experimentada como una aventura del alma: llegar a ser niño

> *Todo lo bello parece llamar la atención al niño y decirle: "Ven, limpia esta mesa reluciente; toma la escoba tan bellamente adornada y barre con ella el piso, vengan también, adorables manitas, y sumérjanse en agua y jabón." Y así es la belleza la que estimula a los niños respondiendo todos los días a las disposiciones individuales que nacen en su alma.* María Montessori[6]

---

[5] *Ibíd.*, p. 121.
[6] Montessori, médica pediatra y pedagoga italiana (1870 – 1952).

En cada niño, todas las cosas del mundo son hechas de nuevo y el Universo se pone de nuevo a prueba. G. K. Chesterton[7]

La mente intuitiva es un regalo sagrado y la mente racional es un fiel sirviente. Hemos creado una sociedad que rinde honores al sirviente y ha olvidado el regalo. Albert Einstein[8]

Si queremos sacarle buen provecho a la vida, debemos vivirla lo más próxima posible al alma. Quizás el mejor ejemplo para ilustrar esta actitud sean los niños, que están en un constante descubrir el mundo que los rodea, dejándose asombrar por la belleza. Ellos llenan de alma cada actividad. Un niñito le dice asombrado a su madre y con el corazón lleno de un gozo indescriptible:

"¡Mamá, mira esa estrella grandota y linda que está en el cielo! ¡Es más grande que una pelota!" El niño señala la luna llena en un bello y apacible atardecer. La madre lo lleva de la mano para hacer las últimas compras en un supermercado y está apurada pues esa noche tienen visitas a cenar. Entonces le responde al niño: "Eso no es una pelota ni una estrella; es la luna." El niño para sus adentros piensa desanimado: "Esto que acabo de descubrir parece no ser algo tan maravilloso como lo había imaginado; si así fuera, a mamá le hubiera gustado como a mí, pero ella ni siquiera le llevó el apunte ni se detuvo a mirarla. Dijo solamente: ´es la luna´. Mamá no se sorprendió. Se ve que se trata de algo normal, de algo sin importancia".

---

[7] G. K. Chesterton, escritor, poeta, teólogo y filósofo inglés (1874-1936).
[8] Einstein, físico alemán de origen judío, nacionalizado estadounidense (1879-1955).

De allí en adelante probablemente no vuelva a asombrarse del bellísimo astro. Dejará de ser un motivo de inspiración para el amor, para el arte, para alabar a Dios por su magnificente creación. En realidad se trata "solamente de la luna"; aparentemente "eso" no causa ningún asombro a los adultos que son los que saben. Entonces el niño piensa: "Debo apurarme con mamá para llegar al supermercado porque se hace tarde y no podremos hacer lo más importante de hoy: comprar más comida." Pobre niño, ese día ha perdido una oportunidad de seguir asombrándose de las maravillas del mundo que va descubriendo; ese día se ha alejado un poco más de su alma y, sin saberlo, ha perdido magia, creatividad y capacidad de sorpresa. Ha envejecido un poco y de manera prematura, ha dejado atrás parte de su alma y ha tomado distancia de ella.

La escritora canadiense Catherine L´Ecuyer dice:

> El asombro del niño por la belleza de lo que le rodea es un proceso que goza de una cierta autonomía. El niño no es dependiente de su entorno: está a la expectativa de ello. No hace falta estimular al niño para que llegue a la belleza: llega solo. Los niños, y también los adultos que son como los niños, caen naturalmente en asombro ante lo irresistible de la belleza. La belleza nunca se impone, pero la mirada limpia del niño la percibe sin esfuerzo o con un esfuerzo que no parece tal, comparado con el gozo que le provoca.[9]

La vida misma está compuesta por aventuras que van surgiendo y que requieren de parte nuestra una predisposición especial para emprenderlas. Pero, a la vez, la vida puede ser (y debería ser) una constante aventura. En el primer caso me re-

---

[9] Catherine L´Ecuyer, *Educar en el asombro*, Plataforma, Barcelona, 2012, p. 140.

fiero a oportunidades que surgen y que nos invitan a tomar esas circunstancias para llevarlas a cabo. Por supuesto que si vivimos responsablemente tendremos ocupaciones y compromisos que cumplir, pero el espíritu de aventura que genera nuestra alma no está solamente en los grandes proyectos, sino también en lo pequeño, lo modesto, lo cotidiano, y todo dependerá de la forma y la alegría con que tomemos esas pequeñas iniciativas que permitimos que surjan de lo profundo de nuestra alma con creatividad y que sean bien recibidas con gozo.

Quiero poner un ejemplo cotidiano de algo ocurrió hace unos días en nuestra familia. Una mañana, mientras estaba escribiendo este libro, entró mi esposa con una nota que quiso compartir conmigo. La había encontrado mientras acomodaba la biblioteca. Estaba guardada entre papeles amarillentos de nuestros hijos en sus etapas de niñez y adolescencia. Era una carta escrita por Pablo, nuestro tercer hijo, quien en ese momento tenía 17 años. Estaba dirigida a nuestra nieta Sofía por su reciente nacimiento. Pablo sintió una emoción que le despertó ternura y quizás, por primera vez, sentimientos de amor paternal. La nota decía lo siguiente: *"Querida Sofía: te formaste en el vientre de Fabiana, mi hermana mayor, y pocos meses después ya estabas entre nosotros, con esa sonrisa y esos ojitos de color indefinido; me das fuerzas para seguir adelante en esta vida adulta y complicada. Eres la pureza de la vida en un puñado de inocencia y amor, y admito que siento mucha ternura cada vez que te tengo en mis brazos. Te quiere mucho, tu tío Pablo."*

¡Qué belleza la carta de Pablo! ¡Las palabras provienen sin escala desde su alma a la tinta y al papel! Qué bella "pequeña gran aventura del alma"... dejar, en el momento en que se lo vive, un testimonio escrito de un sentimiento profundo y espontáneo. Su alma se regodeaba en este acto.

El entusiasmo y la creatividad, aspectos claves de la aventura y la alegría de la vida

Los años arrugan la piel, pero renunciar al entusiasmo arruga el alma. Albert Schweitzer[10]

Quiero rescatar el inmenso valor de vivir la vida con "entusiasmo". La palabra "entusiasmo" proviene etimológicamente de un concepto de gran valor, el cual involucra al alma en un rol trascendental. Entusiasmo procede del latín remoto *enthusiasmus*, aunque su origen más remoto se encuentra en la lengua griega y significa "tener a Dios dentro de sí". Entusiasmo es *"en Theo"*, es decir, "inspirado en Dios o estar inmerso en la creatividad y la iniciativa creadora de Dios".

El entusiasmo se crea en una atmósfera especial que es impartida por Dios mismo y su propia creatividad. Al terminar Dios la creación del universo y del mundo, nos invitó a que continuáramos creando y recreando en su creación: "Y Dios creó al ser humano a su imagen; lo creó a imagen de Dios. Hombre y mujer los creó, y los bendijo con estas palabras: ´Sean fructíferos y multiplíquense; llenen la tierra y sométanla; dominen a los peces del mar y a las aves del cielo, y a todos los reptiles que se arrastran por el suelo´." (Génesis 1:26-28 NVI).

La Biblia comienza relatando la creación de Dios. La creación del universo culmina con la creación del ser humano en el día sexto y, finalmente al día séptimo lo asignó como día de reposo, al que la tradición judía llama "la corona de la creación". Este dato es importante pues ese día de descanso fue creado con un fin de sumo valor que no siempre llegamos a considerar en su

---

[10] Albert Schweitzer, médico, filósofo, teólogo, y músico alemán nacionalizado francés, misionero en el África (1875-1965).

verdadera dimensión. Es que el descanso nos invita a la meditación y a la contemplación de la obra realizada. Sin ello nuestro trabajo creativo no tiene valor. Dios mismo puso en práctica el detenerse durante todo el proceso de la creación, pues al terminar cada día se tomaba un tiempo para contemplar y evaluar su obra con un comentario: "y vio Dios que era bueno", y en el sexto día, al crear al ser humano, lo contempló y evaluó que era "muy bueno".

Es importante tomar un tiempo de descanso, una pausa en el trabajo luego de los días laborables de la semana. Desde la perspectiva de ese día de descanso podremos tomar conciencia de nuestro trabajo y del sentido que éste tiene (o de su falta de sentido, si ese es el caso, lo cual nos llevará a cambiar para que sea un trabajo bien hecho). También el día de reposo es para detenernos y elevar nuestra mirada hacia arriba, hacia la tierra y el cielo, y contemplar la creación de Dios y ser agradecidos por su inmenso favor.

Al día de reposo lo creó Dios como "el día del Señor". En realidad, en el día séptimo Dios descansó de su obra, era Él quien había trabajado todo ese tiempo y entonces necesitó una pausa para poder considerarla como "muy buena" al contemplar lo que había hecho. Pero el Creador, que es generoso, nos invita a participar de este día especial, para que nosotros también tengamos nuestro día de reposo para descansar y también para darle sentido a nuestro trabajo y a nuestra vida toda.

El tiempo de descanso es el medio propicio para la aventura del alma. Esta comienza a tornarse más fecunda con todo el ser, y la vida pasa a ser un bello peregrinaje hacia la realización plena de la existencia.

Cada día nos despertamos con un proyecto en marcha y desde lo profundo de nuestro ser nos llega el entusiasmo para trabajar y crear con un ánimo renovado. Según la tradición griega, "el entusiasmo era la exaltación del ánimo que se produce por algo que cautiva". En la actualidad, se conoce como entusiasmo a "aquello que mueve a favorecer una causa o desarrollar un proyecto". La felicidad y el bienestar interior también se asocian al entusiasmo. Existen diversas formas de entender el concepto de entusiasmo, y en gran medida se encuentra ligado a la vocación, en cuanto a que en cada individuo se manifiesta de manera particular. Las personas más sencillas y humildes tienen las mismas posibilidades que cualquier otra de concebir la vida como una continua y apasionante aventura y emanan la misma alegría capaz de iluminar a quienes están a su alrededor.

Todos aquellos que perciben su existencia como una derrota ante los desafíos de la vida pueden descubrir la felicidad si se les presenta un objetivo que toque su alma. El alma provee el entusiasmo necesario que permite lanzarse a la aventura.

La persona entusiasta es aquella guiada por su fuerza y sabiduría, y por ese motivo siente que puede transformar su medio y hacer que ocurran cosas nuevas. La persona entusiasta cree en su capacidad de transformar las cosas, cree en sí misma, cree en los demás, cree en la fuerza que tiene para transformar el mundo y su propia realidad.

El entusiasmo puesto en práctica como aventura del alma: experiencias personales

¡Ten confianza en el Señor! ¡Ten valor, no te desanimes!
¡Sí, ten confianza en el Señor! Salmo 27:14

Las personas entusiastas son aquellas que están inspiradas en la alegría que proviene del Espíritu Santo y que viven en contacto con su alma. Entonces aprenden a amarse a sí mismas y a la vida, a amar al prójimo y a sentirse unidas con toda la creación de Dios. Viven la vida como una entrañable aventura que se renueva cada día.

Quisiera compartir tres historias de personas que me impactaron por su inclaudicable entusiasmo por vivir con espíritu de servicio y amor al prójimo.

En primer lugar, Ronaldo (Ron), un querido amigo canadiense, fiel creyente. Él y su esposa Gloria vienen todos los años a nuestra ciudad durante los meses de enero y febrero. Les agrada ayudar en los campamentos que se realizan en un predio al lado del río que cruza nuestra ciudad. Hace un año hubo una inundación porque el río se desbordó y anegó varios barrios. Esto afectó las instalaciones del campamento y la pequeña casa de Ron, que está muy cerca de ese predio. Un día en que llegó a su casa, que había estado abandonada por un tiempo, sólo pudo quedarse un momento porque tenía prisa, pero esa misma noche la casa se inundó. El panorama no era para nada alentador. Con el transcurso de varias semanas el agua de la crecida fue bajando de nivel, pero el barro quedó en los alrededores de la casa y dentro de la misma.

Cuando Ron y su se señora llegaron de nuevo de visita, el panorama era desolador y sólo podía causarles tristeza. Comenzaron su tarea de inspección y limpieza ayudados por algunos amigos. Pero no pasó mucho tiempo cuando escuché que Ron estaba afuera de la casa cantando a viva voz, en inglés, un himno que expresaba confianza en Dios, quien no abandona a sus hijos en medio de las pruebas. Ron estaba parado, con las piernas abiertas y los brazos en jarra, como enfrentando y desafiando a la adversidad. De vez en cuando hacía una especie de marcha en círculo y luego continuaba con su himno de victoria a voz en cuello. A los pocos días, y con la ayuda de amigos, su casa había quedado en condiciones de ser habitada nuevamente, habiendo mejorado y renovado parte del mobiliario y de las instalaciones con creatividad.

Otro ejemplo de entusiasmo para servir al prójimo necesitado es el que me ofrece mi buen amigo Rubén Martín. Hace un tiempo atrás tuvo la inquietud y visión de buscar accesorios de ortopedia, traumatología y neurología en desuso o abandonados, tales como sillas de ruedas, camillas y muletas. Muchas veces estos elementos son reclamados por personas que atraviesan dificultades en su familia, a veces crónicas o agudas, luego de algún accidente o enfermedad discapacitante. Rubén aprendió a buscar, en lugares apropiados, estos elementos que están fuera de uso y en mal estado; los lleva a su casa y, con toda paciencia, los somete a un proceso de restauración. Ya conoce a personas que trabajan en distintos aspectos de la reparación de estos accesorios. Lo hacen con mucha creatividad, incluso adaptando piezas que muchas veces hay que fabricar manualmente. Y lo hacen sin cobrarle demasiado dinero, pues Rubén ha logrado transmitirles su entusiasmo. También llevó el proyecto a los pastores de su iglesia, quienes le han dado su apoyo para acompañarlo en todo lo que necesite para llevar adelante la tarea. Rubén me invitó a ser parte del equipo de trabajo, colaborando en la medida de mi capacidad. La tarea más gratificante para mí es acompañarlo para llevar a la familia necesitada el accesorio que están esperando con ansias. Es un momento de gran emoción y alegría.

La última vez que compartimos esta tarea llevamos una silla de ruedas articulada para Eric, un niño de nueve años con discapacidad psico-intelectual y motriz originada en trastornos durante el parto. La silla de ruedas había quedado hermosa y funcionaba perfectamente. Se la cambiamos por una silla vieja y destartalada que casi no funcionaba y era muy incómoda. En un momento Rubén se agachó para ajustar una rueda de la silla y su cabeza y la de Eric quedaron a la misma altura. Entonces Rubén miró al niño y, en ese emotivo cruce de miradas, le preguntó: *"Eric ¿estás contento con la silla nueva?"* El niño, cuyo vocabulario consistía en articular dos o tres palabras básicas, simplemente le respondió con una enorme sonrisa. ¡Estaba feliz! Con el rostro alegre y satisfecho, Rubén le dijo: *"yo también estoy muy feliz"*.

El tercer ejemplo de la alegría de servir es de alguien que, además de entusiasmo, demostró un gran coraje y una fina sensibilidad. Harry era uno de los hijos del matrimonio de misioneros ingleses de nuestra iglesia: don Enrique y doña Anita Baker. Desde joven él mostró un espíritu libre, entusiasta y aventurero. Pasó varios años de su niñez en Inglaterra, estudiando como pupilo, alejado de los padres y del resto de la familia, que vivía en la lejana Argentina. Al terminar ese ciclo de estudio volvió a vivir por un tiempo con su familia, pero en 1942, cuando él tenía veintidós años de edad y la II Guerra Mundial estaba en sus comienzos, partió desde Argentina a Inglaterra para alistarse en el ejército inglés. En Inglaterra no pudo alistarse como piloto de avión por problemas de vista, así que sirvió en la Real Fuerza Aérea como instrumentista, a cargo de la puesta a punto de los aviones. Posteriormente participó en la segunda línea de la invasión a Normandía, luego del "Día D" (6 de junio de 1942), realizando apoyo humanitario en las ciudades ya rescatadas de la ocupación nazi. Durante su tiempo en en la base aérea militar, la lucha aérea era encarnizada y muchos pilotos ingleses morían todos los días. En esa época él quería dejar plasmado un testimonio de la experiencia que estaba viviendo. Lo único que tenía para cumplir su objetivo era una acuarela y algunos pinceles, así que consiguió unas hojas en blanco y las utilizó para hacer pinturas que tenían como tema la dinámica cotidiana de la base aérea militar.

Muchos años después su hija Nora, esposa de mi hermano Norman, presentó en Villa María, nuestra ciudad, un libro de poesías relacionadas con sus vivencias de posguerra y su impacto en el alma de una niña. Para ilustrar su presentación literaria incluyó las pinturas en acuarela de su padre Harry, ya fallecido. El público que asistió a este acto cultural se interesó en esas expresiones artísticas. Algo que llamó mucho la atención del público en relación con las pinturas fue que mostraban una imagen tenebrosa de la guerra, pero simultáneamente en ellas siempre aparecía otro elemento llamativo: todas tenían la presencia de una nota de luz, más grande o más pequeña, pero que nunca faltaba. Tanto fue así que a la exposición de pinturas le pusieron como título "La luz del pintor sobre la oscuridad de la guerra". Dos profesoras de artes plásticas de la Universidad de Villa María analizaron las obras y vincularon la luz de las acuarelas con el alma y la espiritualidad del autor. En tramos de su presentación de la exposición Susana Accastello y Gabriela Manfredi dijeron:

> Toda imagen pintada anuncia: "Yo he visto esto". Y estas acuarelas nos dicen cómo él lo vio. Inclusive las más oscuras de ellas son obras luminosas. A pesar del espanto de la guerra, la mano responde a un espíritu luminoso y sereno.

En otro momento de su análisis comentaron:

> El aura es la manifestación irrepetible de una lejanía, es ese admirable temblor del tiempo: es lo singular, lo que vuelve algo único e irrepetible. Pero en realidad estos factores son importantes en la medida que haya un espectador que los recoja, que se detenga en ellos, apreciándolos e interpretándolos. Quienes dibujamos, no sólo dibujamos a fin de hacer algo visible para los demás, sino también para acompañar a algo invisible

hacia su destino insondable. Proponemos lo invisible como lo que Harry nos entregó a través de lo visible.

Harry Baker era un hombre entusiasta y espiritual; su alma era creativa y estaba unida en un fecundo vínculo con su yo auténtico y con Dios. En un reportaje, el periodista Iván Wielikosielek le preguntó a Nora: "¿Tu padre nunca se hubiera esperado que sus acuarelas colgaran de un museo?" A lo que Nora respondió: "¡Seguro que no! Pero lo que hemos expuesto con mis hermanos no son sólo sus acuarelas, sino su historia de vida; la de un hombre que nunca creyó que la guerra soluciona los conflictos y quiso la paz. Por eso pintó en vez de tomar un arma, y por eso el título de la muestra es "La luz del pintor sobre la oscuridad de la guerra". Esa luz fue la que triunfó, al menos dentro de su alma."[11]

El hombre transparente

La mirada limpia es una manifestación de alguien que deja ver su alma, que deja que aflore sin obstáculos de represión, vergüenza o miedo. Su alma es limpia y espontánea. Esto se percibe en personas especiales. Puede ser en aquellos niños que mantienen su inocencia, en algunos locos, en los santos que han crecido en el espíritu y se han despojado de la mera religiosidad, en los ancianos sabios que han alcanzado el conocimiento por vía de la liberación de las ataduras del alma.

Recuerdo que con mi esposa y nuestra pequeña hija Fabiana fuimos a Posadas, Misiones, a un hospital psiquiátrico donde yo realizaría la residencia en psiquiatría durante tres años. Nos instalamos en una vivienda dentro del hospital. En el segundo año

---

[11] Suplemento Cultural del periódico *El Diario de Villa María*, Domingo 1 de junio de 2014.

de estar allí nació Débora, nuestra segunda hija. Por supuesto, al principio estábamos inseguros, pisando un terreno desconocido. Pasó el tiempo y fuimos relajándonos al conocer mejor el lugar y a los pacientes. Abríamos la puerta "de calle", y ésta daba al hospital. Los pacientes se paseaban por delante de nuestra casa y, más de una vez, entraban en nuestra vivienda para conversar o pedir un vaso de agua.

Quizás el primer año de residencia fue el más difícil en cuanto a esta situación de adaptación al medio, pero después ya conocíamos a los internados y los tratábamos como a nuestros vecinos. A veces venían a nuestra casa y Mónica los atendía con el cariño natural y respeto que siente por todas las personas.

Luego de un tiempo de vivir en el hospital psiquiátrico comenzamos a descubrir que muchos de ellos, que habían pasado por tantos sufrimientos, tanto rechazo por parte de su familia, tantas burlas y tantas mortificaciones mentales se habían tornado personas bondadosas y puras de alma. Comenzamos a disfrutar de la amistad de muchos de ellos y a sentir verdadera admiración por su presencia arcana y luminosa, como si realmente se tratara de ángeles. Descubrimos la bondad y la humildad de corazón y la transparencia con que mostraban su alma. Al final de la experiencia de vivir tres años en ese hospital psiquiátrico sentimos que habíamos sido enriquecidos grandemente y habíamos crecido de una manera inimaginable. Fue una rica experiencia de vida, una bendición que jamás olvidaríamos. Nuestra vida nunca fue la misma después de conocer la bondad de esas personas que habían soportado tanto sufrimiento, pero que habían salido transformadas por esa experiencia. Pudimos ver su alma, la que mostraban de una manera prístina, sin falsos ropajes, sin esconder su ser interior.

Me he sorprendido al leer una cita de James Hillman en su libro *Myth of the Analysis* (El mito del Análisis) en relación con lo que estoy expresando en las líneas anteriores, acerca de nuestra experiencia en el hospital psiquiátrico. Dice este autor:

> El hombre trasparente, a quien se ve y a través de quien se ve, el loco, a quien no le queda nada que esconder, se ha vuelto transparente gracias a la aceptación de sí mismo; su alma es amada, totalmente revelada, totalmente existencial; él es sólo lo que es, liberado de ocultamientos paranoides, del conocimiento de sus secretos y de su conocimiento secreto; su transparencia sirve como un prisma para el mundo y lo que no es mundo. Porque conocerte reflexivamente a ti mismo es imposible; sólo la última reflexión de una nota necrológica puede decir la verdad, y sólo Dios sabe nuestro verdadero nombre.[12]

La senda del alma no tiene pretensiones de ser perfecta. El alma convive con las incertidumbres, avanza entre curvas y contracurvas. Lo importante es la vida, vivirla y saborearla como se presenta, absorber sus secretos, vincularse de primera mano como protagonista de un maravilloso viaje, no en línea directa a la meta sino por un camino con obstáculos, laberintos e incógnitas. El alma va y viene en su camino. Quiere volverse transparente para revelarse tal como es ella integrada a la persona. Y James Hillman agrega:

> Entonces su alma, valerosamente cuidada, será tan sólida, madura y misteriosa que de su propio ser emanará la divinidad. Tendrá el resplandor espiritual del loco sagrado que ha osado vivir la vida tal como se le

---

[12] James Hillman, *The myth of Análisis* (El mito del análisis), Northwestern University Press, 1972, p. 354.

presentaba y desplegar la personalidad con su pesada pero asimismo creativa dosis de imperfección.[13]

Mi querido e inolvidable tío Yoyi

En nuestra familia existió un tío que fue la alegría y la inspiración de mi vida de niño (y continuó siéndolo toda mi vida) y también de la de mis hermanos, primos y amigos. Cada vez que nos visitaba, teníamos asegurado un día de fiesta, de creatividad, de risas, de canto, y no podía faltar una sesión de pintura y de teatro. Todo eso, y mucho más, era lo que provocaba mi tío Jorge (Yoyi) Bonino. Luego se fue a la ciudad de Córdoba a estudiar arquitectura, y nosotros ya no lo veíamos con tanta frecuencia, pero siempre lo esperábamos. Yo soñaba con su próxima visita, sabiendo que cuando viniera, mi vida se llenaría de alegría y de magia.

En el ambiente culto y creativo de la ciudad de Córdoba, Yoyi pronto se destacó como actor de teatro. Había creado un estilo totalmente novedoso de actuación: desde el principio hasta el fin hablaba en un extraño idioma, mezcla de ruso, inglés, castellano y otros idiomas, e intercalaba sonidos imitando raros instrumentos musicales. Lo cierto es que la obra teatral surgía y se desplegaba de una manera distinta en cada presentación y de acuerdo al público y a la interacción que se entablaba entre él y las personas que asistieran en esa ocasión. En una parte de la representación proponía al público crear una canción, que podía ser un tango, una chacarera o una canción lírica. Cuando ya se ponía de acuerdo con el público sobre qué genero musical les gustaría hacer juntos, entonces pedía que sugirieran palabras apropiadas para esa canción, las cuales iba anotando en un pi-

---

[13] *Ibíd.*, p. 355.

zarrón. Luego él armaba las estrofas y el estribillo, y a continuación la cantaba improvisando en el mismo momento la música.

Ahora comprendo que mi tío era especial porque, además de su creatividad, ponía el alma en todo lo que hacía. Su cuerpo respondía a los impulsos creativos del alma, por eso pasaba de ser un vendedor ambulante a ser un cantante lírico, un pianista virtuoso que, aunque nunca había estudiado música la ejecutaba como un concertista eximio, o un fabricante de pizzas. Nunca conocí a otra persona "tan llena de alma". Su alma parecía ser transparente y su creatividad era inagotable. Se transformó en un actor de teatro reconocido en la ciudad de Córdoba. Años más tarde fue a Buenos Aires a presentar sus obras, que iban cambiando en cada presentación. Algunos de los títulos de sus obras teatrales fueron: "Asfixiones o enunciados" y "Bonino aclara ciertas dudas".

En la ciudad de Córdoba dejó un recuerdo inolvidable y no era infrecuente que se lo recordara en libros y diarios. En un suplemento cultural del diario *La voz del interior* de Córdoba, del año 2002, se hizo un análisis retrospectivo de las extrañas y creativas características de sus obras de teatro. Carlos Schilling escribió un artículo intitulado "Retrato de un artista que conmovió a Córdoba. Un misterio llamado Bonino". En algunos párrafos dice:

> Hay un misterio y tiene el nombre de Jorge Bonino. ¿Quién fue realmente? ¿Qué hizo y qué significado tuvo lo que hizo? ¿Por qué se ha convertido en una leyenda? Es extraño que en una ciudad como Córdoba, acostumbrada a perder rápidamente la memoria, existan tantas personas dedicadas a conservar el recuerdo de un hombre que dejó escasas huellas materiales de su vida y de su obra. Nadie puede definir exactamente si fue un actor, un comediante, un performer, un bufón,

un payaso o un artista de vanguardia, pero todos los que lo conocieron dicen que fue un ser excepcional. Un verdadero genio.

Más adelante el mismo autor describe el desempeño de Jorge Bonino en el teatro:

> El actor demostraba un talento incomparable para reproducir sonidos con su voz. Podía imitar las entonaciones de cualquier idioma del mundo y utilizaba su capacidad para poner en evidencia la petrificación del lenguaje humano en jergas oficiales y en discursos. Ese talento parecía ser innato. A los 10 años copiaba el balbuceo y el llanto de los bebés con una precisión sorprendente, cuenta una amiga de la infancia. La dicción humedecía sus frases, como si las rozara un hisopo. Armando Ruiz, que fue profesor de plástica de Bonino en la Facultad de Arquitectura y posteriormente su íntimo amigo, dice: "Era un ser humano que no se dejó condicionar por la cultura que lo formó". El misterio de Jorge Bonino permanece intacto.[14]

Luego de su estadía en Buenos Aires en el teatro de vanguardia Di Tella, viajó a Estados Unidos y luego a Europa, donde representó sus obras de teatro sobre todo en Nueva York y luego en París y en Madrid. Algo comenzó a sucederle entonces. Creaba un personaje tan adorable en el teatro, que luego sus amigos ocasionales en aquellas lejanas tierras salían con él a comer, a pasear o a celebrar el éxito de una obra de teatro, y entonces le pedían que repitiera para el grupo éste o aquél personaje, y no podía resistirse a consentir a sus amigos. Pero llegó un tiempo en que hizo una crisis de agotamiento por el esfuerzo perma-

---

[14] Diario *La Voz del Interior*, 11 de Diciembre de 2002.

nente en su afán de desdoblamiento de su personalidad para representar los personajes de su alma. Su salud se vio afectada, sufrió muchos dolores emocionales y atravesó una noche oscura del alma, encontrándose expuesto y vulnerable y sin recursos psicológicos para proteger su intimidad. Él era una persona con el alma transparente y entró en crisis de tanto exponerse con su alma siempre a flor de piel. Entonces, ya agotado, no pudo continuar su aventura sólo; necesitaba contención y apoyo.

Regresó a la Argentina, a su ciudad natal. Las personas transparentes necesitan protección porque traen mensajes de amor, espiritualidad y compromiso con la vida. Hay que protegerlas, pues tanta sensibilidad vivida sin la precaución necesaria las torna vulnerables. Las personas transparentes son un tesoro para la humanidad y es responsabilidad de quienes las contienen y las aman brindarles el cuidado que necesitan y rodearlas con amor y ternura.

Carlos Narvaja, un amigo de Jorge Bonino mientras cursaba la Universidad de Arquitectura en la ciudad de Córdoba, escribió un pequeño libro/folleto en homenaje a Yoyi, intitulado: "Boninosaurio, mi amigo". La parte superior de la primera página está escrita al revés, de manera que para poder leerla hay que dar vuelta el libro. Allí dice: *"Él vivía y nos hacía vivir una especie de vida al revés."*[15]

En otro momento el autor comenta emocionado: *"Queremos, extrañamos y necesitamos a Jorge Bonino como niños que quieren y necesitan a su Ángel."* [16]

Yoyi ya no está con nosotros y seguimos extrañándolo mucho. Damos gracias a Dios por su vida y por su alma transparente.

---

[15] Carlos Narvaja, *Boninosaurio mi amigo*, Narvaja Editor, 2007, p. 1.
[16] *Ibíd.*, p. 6.

10

El alma, fiel compañera en tiempos de sufrimiento

El día que clamé, me respondiste; me fortaleciste con vigor en mi alma. Salmo 138:3

Yo les he dicho estas cosas para que en mí hallen paz. En este mundo afrontarán aflicciones, pero ¡anímense! Yo he vencido al mundo. Juan 16:33 (NVI)

El alma, fiel compañera en todo tiempo

La primera lágrima (cuento jasídico)

Tras ser expulsados Adán y Eva del Jardín del Edén, Dios vio su arrepentimiento. Y les dijo:

–¡Pobres hijos míos! Los he castigado por su falta y los he expulsado del Jardín del Edén, donde habían vivido felices y sin preocupaciones. Ahora van a conocer un mundo lleno de dolor y de dificultades. Sin embargo, quiero que sepan que mi amor hacia ustedes jamás desaparecerá. Por eso he decidido regalarles esta perla inestimable de mi tesoro celestial. Miren: es una lágrima. Cada vez que la aflicción los invada, cada vez que sientan el corazón oprimido y el alma presa de la angustia, esa minúscula lágrima les subirá a los ojos, y su pesada carga se verá así aligerada.

Tales palabras llenaron de tristeza a Adán y Eva. Entonces las lágrimas les subieron a los ojos, e inmediatamente resbalaron por sus mejillas y cayeron al suelo.

Fueron esas lágrimas las primeras que regaron la tierra. Adán y Eva las transmitieron como preciada herencia a sus hijos.

Desde entonces, cuando un ser humano siente el corazón oprimido y el alma angustiada, las lágrimas les suben a los ojos y se esfuma su tristeza.[1]

Si sabemos cuidarla y protegerla, si aprendemos a escucharla y a respetarla, si desarrollamos una relación amorosa con ella, nuestra alma es una compañera inigualable en todo tiempo. En tiempos de alegría ella está con nosotros disfrutando del momento. En tiempos de creatividad es proveedora de la inspiración necesaria para sacar lo mejor y más bello. En la vida espiritual es una guía que nos conduce a Dios. En tiempos del amor nos señala (con datos sutiles que sabremos detectar con fina sensibilidad) la persona indicada para que sea nuestra compañera o compañero para toda la vida. Y en tiempos de sufrimiento nos trae consuelo para atravesar el valle oscuro de la tristeza o de la situación impuesta por circunstancias de la vida.

La clave de la eficacia del consuelo del alma en la persona que sufre depende de que haya un buen vínculo de la persona con su alma y, a partir de esa relación ya establecida, ella será una compañera fiel e inseparable. Ella traerá consuelo y compañía en los momentos de mayor angustia, y no la abandonará.

---

[1] *Cuentos del Pueblo Judío*, Sígueme, Salamanca, 2007, p. 15.

Sin embargo, hay otra realidad que es aún más trascendente: es el vínculo de la persona con Dios y la confianza en sus promesas, el saber que Dios acompaña en tiempos de sufrimiento. Quizás la expresión más explícita y representativa sea la conocida frase del Salmo 23:4: "Aunque ande en valle de sombra de muerte, no temeré mal alguno, porque tú estarás conmigo; tu vara y tu cayado me infundirán aliento." La última frase de esta cita en la Nueva Versión Internacional de la Biblia dice: "tu vara de pastor me reconforta." ¿Es esa "vara y cayado" o "vara de pastor" el alma de la persona, a la que Dios utiliza para guiar y proteger en tiempos de sufrimientos? Creo que lo es, sobre todo si pensamos que en el versículo anterior del mismo Salmo dice: "confortarás mi alma, me guiarás por sendas de justicia" (v. 3). Dios promete que conforta y guía al alma por buenas sendas, quizás en preparación para que el alma sea empoderada por Dios, quien se ha anticipado para que la persona pueda enfrentar los valles de sombra y de muerte que sobrevendrán. Dios prepara al alma para que sea la vara y el cayado de aquel hijo suyo que tenga que enfrentar un tiempo de pruebas y sufrimientos.

El alma nos acompaña en el sufrimiento

El sufrimiento me abrirá a Dios y a la imagen original que Dios se ha hecho de mí. El sufrimiento representa el paso hacia el brillo primigenio de mi alma y hacia la gloria que me espera después de todo el pesar de la muerte. Anselm Grün

El alma es una maravillosa compañía y una fiel consejera. Necesita ser cuidada... entonces, cuando lleguen tiempos difíciles, ella cuidará de nosotros y nos dará ánimo en medio de la adversidad.

Quiero poner como ejemplo al doctor Víctor Frankl, médico psiquiatra austríaco de Viena, quien atravesó una terrible situación al enfrentar la persecución nazi durante la II Guerra Mundial y tuvo que soportar el maltrato y la tortura en campos de concentración de ese tenebroso régimen. Quiero mencionar tres momentos de su vida que muestran un bello ejemplo de alguien que vive en contacto con su alma. Los tres momentos que quiero referir son los siguientes: en primer lugar, la decisión de quedarse en su lugar de residencia por respeto al mandato de Dios de honrar a sus padres. En segundo lugar, la vida en los campos de concentración, el sufrimiento extremo y la manera en que, junto a su alma, pudo sobreponerse a ellos. Finalmente, el relato de su reacción al ser liberado y encontrar que recuperaba su vida para gozarla en libertad.

La decisión de quedarse a enfrentar el infierno de la maldad humana

> *Nosotros hemos tenido la oportunidad de conocer al hombre quizás mejor que ninguna otra generación. ¿Qué es, en realidad, el hombre? Es el ser que siempre decide lo que es. Es el ser que ha inventado las cámaras de gas de Auschwitz, pero asimismo es el ser que ha entrado en ellas con paso firme musitando una oración.* Victor Frankl

En el VI Congreso Mundial de Logoterapia quen se realizó en Buenos Aires en septiembre de 1987, Victor Frankl fue el invitado de honor como único orador. Allí, como asistente, escuché el relato de las experiencias que vivió en un campo de concentración durante la Alemania nazi. Conocía a Frankl a través de sus libros, pero en esa oportunidad también pude conocerlo personalmente y estrechar su mano y agradecerle, en breves palabras, por su ejemplo de vida.

Quiero compartir lo que relató de su experiencia personal y de las importantes decisiones que debió tomar en ese momento de su vida. Después de la invasión de la Alemania nazi a Austria en 1942, él ya había desarrollado parte de su teoría de la Logoterapia (o terapia del sentido), y ya era reconocido en ambientes académicos. Había sido invitado como profesor en una universidad de Estados Unidos, país al que podía concurrir junto a su esposa, con quien se había casado poco tiempo antes. Esto le permitía escapar de un peligro cierto de ser tomado prisionero por su condición de judío, y ser enviado a campos de concentración. Cierta mañana salió a caminar por las calles de Viena y pudo comprobar con dolor que gran cantidad de casas y negocios de judíos habían sido destruidos. También concurrió a la sinagoga y comprobó que había sido reducida a escombros. Con tristeza entró en el predio caminando entre los escombros. De pronto se detuvo a contemplar el desgarrador espectáculo. Luego miró los escombros y notó que estaba parado sobre una piedra de color blanco. Se fijó con mayor atención y comprobó que era un resto de los Diez Mandamientos tallado en mármol. Observó que era aquel mandamiento que se encuentra en el libro de Éxodo 20:16: "Honra a tu padre y a tu madre, como *Yahvé* tu Dios te ha mandado, para que sean prolongados tus días, y para que te vaya bien sobre la tierra que *Yahvé* tu Dios te da". En ese momento se dio cuenta de que no era casual que él estuviera parado precisamente sobre esa pieza de mármol en ese lugar y en ese contexto histórico. Entonces consultó con su alma sobre qué debía hacer, y tuvo la convicción de que debía quedarse en Viena para acompañar a sus padres; no los podía abandonar a su suerte en esos momentos.

Debido a esta decisión de quedarse se podría pensar que difícilmente se cumpliría la promesa de prolongar su vida tal como reza el mandamiento: *"...para que tus días se alarguen en la tierra que Dios te da".* Pero no fue así: Dios cumplió fielmente con él esa promesa, pues si bien tuvo que enfrentar la prisión y la tortura, posteriormente, ya en libertad, tuvo una vida rica y prolongada, y falleció a la edad de noventa y cinco años.

Victor Frankl fue tomado prisionero tiempo después y enviado a un campo de concentración. Pasó por varios campos de concentración desde 1942 hasta 1945, entre ellos los campos de exterminio más temidos, el de Auschwitz y los de Kauferin y Türikheim, dependientes del tristemente célebre campo de concentración de Dachau. Sobrevivió a estos verdaderos infiernos y el 27 de abril de 1945 fue liberado por las tropas norteamericanas. Luego se enteró de que sus padres y su esposa habían muerto en distintos campos de concentración del régimen nazi.

Al salir escribió un libro contando su experiencia en los campos de concentración, al cual intituló *Un psicólogo en un campo de concentración*. Luego le agregó una segunda parte, en la que desarrolla brevemente su teoría de la logoterapia, intitulada *Conceptos básicos de Logoterapia*, la cual años después tuvo que ampliar a pedido de los lectores. Finalmente el libro llevó el título *El hombre en busca de sentido*, que incluye las dos parte mencionadas. En esta obra Frankl expone que, incluso en las condiciones más extremas de deshumanización y sufrimiento, el hombre puede encontrar una razón para vivir.

Una experiencia con su alma durante el tiempo en el campo de concentración

En este libro relata algunos pasajes estremecedores de su vida en el campo de concentración, y cómo él, acompañado por Dios y por su alma, pudo elevarse por sobre esas terribles circunstancias. Con su propia experiencia demostró en los hechos su teoría sobre la terapia de sentido, pues él sobrevivió gracias a que su vida misma tenía un sentido en medio del absurdo de ese sufrimiento. Dijo en más de una oportunidad que su teoría y el entusiasmo de poder plasmarla en sus libros le salvaron la vida. Él tenía un motivo para vivir, y eso lo libró de la muerte.

Del libro *El hombre en busca de sentido* comparto un relato del capítulo intitulado "Un psicólogo en un campo de concentración". Es conmovedora la descripción de sus bellos pensamientos sobre el amor en medio del sufrimiento extremo. Allí Víctor Frankl demuestra la fortaleza que un hombre puede desarrollar unido a su alma y a Dios.

Cuando todo se ha perdido

Mientras marchábamos a los tropezones durante kilómetros, resbalando en el hielo y apoyándonos continuamente el uno en el otro, no dijimos palabra entre nosotros, pero ambos lo sabíamos: cada uno pensaba en su mujer. De vez en cuando yo levantaba la vista al cielo y veía diluirse las estrellas al primer albor rosáceo de la mañana que comenzaba a mostrarse tras una oscura franja de nubes. Pero mi mente se aferraba a la imagen de mi mujer, a quien vislumbraba con extraña precisión. La oía contestarme, la veía sonriéndome con su mirada franca y cordial. Real o no, su mirada era más luminosa que el sol del amanecer. Un pensamiento me petrificó: por primera vez en mi vida comprendí la verdad vertida en las canciones de tantos poetas y proclamada en la sabiduría definitiva de tantos pensadores. La verdad de que el amor es la meta última y más alta a que puede aspirar el hombre. Fue entonces cuando aprehendí el significado del mayor de los secretos que la poesía, el pensamiento y el credo humanos intentan comunicar: la salvación del hombre está en el amor y a través del amor. Comprendí cómo el hombre, desposeído de todo en este mundo, todavía puede conocer la felicidad –aunque sea sólo momentáneamente– si contempla al ser querido. Cuando el hombre se encuentra en una situación de total desolación, sin poder expresarse por medio de una acción positiva, cuando su único objetivo es limitarse a soportar los sufrimientos correctamente –con dignidad– ese hombre puede, en fin, realizarse en la amorosa contemplación de la imagen del ser querido. Por primera vez en mi vida podía comprender el significado de las palabras: "Los ángeles se pierden en la contemplación perpetua de la gloria infinita".

Delante de mí tropezó y se desplomó un hombre, cayendo sobre él los que le seguían. El guarda se precipitó hacia ellos y a todos alcanzó con su látigo. Este hecho distrajo mi mente de sus pensamientos unos pocos minutos, pero pronto mi alma encontró de nuevo el camino para regresar a su otro mundo y, olvidándome de la existencia del prisionero, continué la conversación con mi amada: yo le hacía preguntas y ella contestaba; a su vez ella me interrogaba y yo respondía.

"–¡Alto!" Habíamos llegado a nuestro lugar de trabajo. Todos nos abalanzamos dentro de la oscura caseta con la esperanza de obtener una herramienta medio decente. Cada prisionero tomaba una pala o un zapapico.

"–¿Es que no se pueden dar prisa, cerdos?" Al cabo de unos minutos reanudamos el trabajo en la zanja, donde lo dejamos el día anterior. La tierra helada se resquebrajaba bajo la punta del pico, despidiendo chispas. Los hombres permanecían silenciosos, con el cerebro entumecido. Mi mente se aferraba aún a la imagen de mi mujer. Un pensamiento me asaltó: ni siquiera sabía si ella vivía aún. Sólo sabía una cosa, algo que para entonces ya había aprendido bien: que el amor trasciende la persona física del ser amado y encuentra su significado más profundo en su propio espíritu, en su yo íntimo. Que esté o no presente, y aun siquiera que continúe viviendo, deja de algún modo de ser importante. No sabía si mi mujer estaba viva, ni tenía medio de averiguarlo (durante todo el tiempo de reclusión no hubo contacto postal alguno con el exterior), pero para entonces ya había dejado de importarme, no necesitaba saberlo, nada podía alterar la fuerza de mi amor, de mis pensamientos o de la imagen de mi amada. Si entonces hubiera sabido que mi mujer estaba muerta, creo que hubiera seguido entregándome –insensible a tal hecho– a la contemplación de su imagen y que mi conversación mental con ella hubiera sido igualmente real y gratificante: "Ponme como sello sobre tu corazón... pues fuerte es el amor como la muerte". (Cantar de los Cantares, 8,6).[2]

La liberación y el reencuentro con Dios, con uno mismo y con su alma.

Ya llegando al final de su relato de la experiencia en los campos de concentración y exterminio, Frankl cuenta con emoción la experiencia de recuperar su libertad. No es ingrato a ese Dios que lo acompañó por tres largos años de prisión en las más inhumanas condiciones.

En su relato hace referencia a las palabras del Salmo 118:5, que en la versión de Reina y Valera 1960 dice: "Desde la angustia invoqué a Jehová, y me respondió Jehová, poniéndome en lugar espacioso."

Relata en su libro:

---

[2] Victor Frankl, *El hombre en busca de sentido*, Herder, Barcelona, 1985, pp. 46-47.

Pasaron muchos días antes de que no sólo se soltara la lengua, sino también algo que estaba dentro de todos nosotros; y, de pronto, aquel sentimiento se abrió por entre las extrañas cadenas que lo habían constreñido. Un día, poco después de nuestra liberación, yo paseaba por la campiña florida camino del pueblo más próximo. Las alondras se elevaban hasta el cielo y yo podía oír sus gozosos cantos; no había nada más que la tierra y el cielo y el júbilo de las alondras, y la libertad del espacio. Me detuve, miré en derredor, después al cielo, y finalmente caí de rodillas. En aquel momento yo sabía muy poco de mí o del mundo, sólo tenía en la cabeza una frase, siempre la misma: "Desde mi estrecha prisión llamé a mi Señor y él me contestó desde el espacio en libertad."

No recuerdo cuánto tiempo permanecí allí, de rodillas, repitiendo una y otra vez mi jaculatoria. Pero yo sé que aquel día, en aquel momento, mi vida empezó otra vez. Fui avanzando, paso a paso, hasta volverme de nuevo un ser humano.[3]

El relato de la primera parte de su libro donde cuenta su experiencia en el campo de concentración, termina con la siguiente frase que es profundamente conmovedora e inspiradora: "La experiencia final para el hombre que vuelve a su hogar es la maravillosa sensación de que, después de todo lo que ha sufrido, ya no hay nada a lo que tenga que temer, excepto a su Dios."[4]

---

[3] Ibíd., pp. 93-94.
[4] Ibíd., p. 96.

Dietrich Bonhoeffer y el ejemplo cristiano de compromiso con su pueblo

Quiero mencionar el testimonio de este amado y fiel cristiano, teólogo y escritor, quien tuvo un valiente compromiso de fe en Cristo y una valiente identificación con el sufrimiento de la generación de su pueblo en Alemania en las épocas del nazismo.

Alemán de nacimiento, Bonhoeffer no quiso abandonar a los que estaban padeciendo persecución, ni a sus hermanos cristianos que sufrían la opresión de un estado totalitario y siniestro. Estando en el exterior escribió estas palabras ejemplares de compromiso y amor:

> Los cristianos de Alemania deberán enfrentar una terrible alternativa: o desear la derrota de su nación para que la civilización cristiana sobreviva, o desear la victoria de su nación y, por lo tanto, la destrucción de nuestra civilización. Yo sé cuál de estas dos alternativas debo escoger, pero no puedo hacer esa elección desde un lugar seguro.[5]

Volvió a su tierra en tiempos del nazismo y fue tomado prisionero por negarse a someterse servilmente al régimen nazi. Fue martirizado y finalmente ejecutado en un campo de concentración. Luego de pasar tres años de prisión murió ahorcado en 1945, pocos días antes de que el ejército norteamericano llegara a liberar el campo de concentración en el que estaba preso.

Bonhoeffer escribió una carta a un amigo en Estados Unidos, donde había estado trabajando cómodo y seguro y donde además era reconocido como destacado teólogo cristiano con un promisorio futuro como profesor y escritor. En su carta decía:

---

[5] Dietrich Bonhoeffer, *Yo he amado este pueblo*, La Aurora, Buenos Aires, 1969, p. 2.

Debo pasar este difícil período de nuestra historia nacional junto a los cristianos de Alemania. No tendré ningún derecho a participar de la reconstrucción de la vida cristiana en Alemania si no comparto las pruebas de esta hora con mi pueblo.[6]

Fue ejecutado cuando tenía 39 años de edad.

Vivió de manera coherente con Dios, con su pueblo y con su alma. Sus días y horas de desolación y sufrimiento por la tortura de vivir prisionero en un campo de concentración aparecen reflejados en un poema conmovedor en cuya la última frase menciona la compañía incondicional de su alma sufriente:

VOCES NOCTURNAS
(Fragmento del poema)

Extendido sobre mi catre
Con la mirada absorta en la pared gris.
Afuera una noche de estío que no me conoce
Invade la campiña cantando.
Despacio y suavemente
Se extingue la marea del día en la playa eterna.
Duerme un poco,
Fortalece cuerpo y alma, fortalece cabeza y mano;
Porque los pueblos y las casas, los espíritus
Y los corazones
Están ardiendo.
Duerme un poco,
Reúne fuerza, ira, y valor,
No te desprecies en baratijas ni futilidades.
Hasta que amanezca al final de la noche,

---

[6] Ibíd., p. 7.

Roja la sangre.
¡Resiste!
Noche y silencio.
Escucho
Sólo pasos y las voces de los guardias,
La risa lejana, oculta, de una pareja de
Enamorados.
Además de esto ¿nada escuchas perezoso,
Tú que duermes?
Escucho palpitar y vacilar mi propia alma.[7]

Está bien con mi alma

"*Está bien con mi alma, está bien*". Así comienzan las palabras del coro de un himno cristiano de gran influencia en el protestantismo a través del tiempo. Lo escribió en 1873 el estadounidense Horatio Spafford, y su música fue compuesta por Philip Bliss. En el himnario en castellano *Himnos y cánticos del Evangelio* se lo conoce por su primera frase: "Si paz cual un río". Es un himno muy amado con un trasfondo trágico, al cual haremos referencia más adelante. Sin embargo, se transformó en un canto de confianza en Dios y de paz en el alma. El coro repite vez tras vez "*Está bien con mi alma, está bien*", y cada estrofa menciona la paz en medio de la tormenta. Dice así:

Si paz cual un río es aquí mi porción,
Si es como las olas del mar;
Cualquiera mi suerte, es ya mi canción:
"Está bien con mi alma, está bien".

---

[7] Dietrich Bonhoeffer, *Yo he amado a este pueblo*, La Aurora, Buenos Aires, 1969, p. 67.

Coro
Está bien... está bien...
Está bien con mi alma, está bien.

Por más que Satán me tentare a mí,
En esto consuelo tendré:
Que Cristo, al ver cuán perdido yo fui,
En la cruz por mi alma murió.

Pecado llevó, y las gracias le doy,
Completo el trabajo está;
Llevolo en la cruz y ya libre estoy,
¡Oh mi alma, bendice al Señor!

Que viva por Cristo, y sólo por él;
Y si yo muriese, bien sé
Que no temeré, porque Cristo es fiel
Y mi alma en su paz guardará.

Mas no es la muerte que espero, Señor,
La tumba mi meta no es,
Tu pronta venida, en tu tierno amor,
Esperando mi alma hoy está.

Este himno fue escrito después de varios acontecimientos traumáticos en la vida de Horatio Spafford. El primero fue la muerte de su hijo en 1871, seguida de una mala operación financiera que lo llevó a la ruina económica. Luego sucedió otra tragedia, ya que perdió gran parte de sus bienes por un incendio que hubo en la ciudad de Chicago, donde vivía en 1871, y esto terminó de arruinarlo financieramente. Spafford era abogado, buen amigo y fiel hermano en Cristo del conocido predicador Dwight Moody. Seguramente pasó tiempo en oración con él en los tiempos difíciles.

En 1873 decidió viajar en barco con su familia a Europa, en barco, como se hacía en esa época, con el objetivo de descansar y visitar a sus amistades en Inglaterra. A último momento decidió enviar primero a la familia, mientras él se demoraba en negocios que debía atender. Durante la travesía del Atlántico, el barco fue embestido por otro buque. El impacto fue tal que el barco en que viajaba la familia se hundió en apenas doce minutos. Gran parte de los pasajeros y la tripulación del barco no pudieron salir del mismo y se ahogaron en las aguas del océano. Entre las víctimas fatales estaban las cuatro hijas de Spafford. Su esposa logró sobrevivir y llegar a las islas británicas, y desde Cardiff, Gales, envió a su esposo un telegrama que decía: "Única salva. Estoy bien. Tengo paz en mi ser, gloria a Dios".

Horatio Spafford tomó el primer barco y viajó a encontrarse con su esposa. Durante el viaje, el barco atravesó el sitio exacto donde se había hundido el navío que llevaba a su familia. El capitán le indicó a Spafford el lugar donde había ocurrido la tragedia. Al caer en cuenta que era allí donde sus hijas se habían ahogado, el Señor le consoló con el mensaje que había recibido de su esposa. Descendió a su camarote y, con la imagen de la tragedia en su mente, escribió los versos que componen este bello himno. Basándose en las palabras de su esposa, escribió una poesía que ha llegado a ser de consuelo para muchos creyentes atribulados en "un mar de aflicción".

Una reflexión sobre Jesús como terapeuta en tiempos de sufrimiento

Jesús utiliza el tiempo de dolor para traer a la luz las verdades del ser interior, del alma a la conciencia, y así producir una transformación sanadora, la cual eleva al hombre y a la mujer que atraviesan una dificultad a un tiempo de encuentro con Dios y consigo mismos y a un encuentro de la verdadera vida que Jesús ofrece.

Dice Karin Kepler Wondracek, psicóloga brasileña, especialista en el estudio de la interrelación entre la psicología y la fe, sobre la manera de actuar de Jesús en medio de las crisis de personas que se encontraron con él y cómo utilizaba esa circunstancia como un verdadero terapeuta del alma:

> Una de las características del cuidado del alma que Jesús practicaba era la de sorprender a la persona con sus actitudes (recordemos a Marta y María, a Zaqueo, a la mujer que ungió la cabeza de Jesús, la mujer del pozo de agua). En psicoanálisis se diría que Él supo manejar adecuadamente la transferencia. Esta sorpresa induce a traer a primer plano lo que estaba al margen (la "parte buena" de María, hermana de Marta, el corazón sufrido de Zaqueo, el amor de la mujer que lo ungió, la sed de la mujer del pozo). Recordemos las parábolas que narró Jesús sobre encontrar lo que estaba perdido, en Lucas 15.
>
> Esto nos lleva a pensar en Cristo como el que cuida nuestra alma, rescata en nosotros lo que estaba perdido, oculto por las apariencias, por las defensas (en psicoanálisis, lo que está en el inconsciente). Es interesante que este cuidado de Jesús no sea en el sentido de revelar el pecado oculto, sino por el contrario, mostrar el amor que estaba oculto: la sed de ser amado, la capacidad de amar (podemos recordar a María, Zaqueo, la mujer del perfume, la mujer del pozo). El pecado aparece, pero en una dimensión diferente, no como acusación sino como aquello que se desvió del blanco

del amor. Tal vez como la tentativa de buscar lo que faltaba (el dinero de Zaqueo, los hombres de la mujer samaritana).[8]

Permitamos que Dios nos visite en el sufrimiento, trayendo paz y salud a nuestra alma.

Una historia con el alma de David

David es un miembro de Alcohólicos Anónimos, el cual funciona en el edificio de nuestra iglesia evangélica desde hace 36 años. David fue mi paciente durante los años posteriores a su decisión de dejar de beber y unirse a este grupo de AA. De esto hace ya 15 años. Durante esos años debí tratarlo con apoyo psicoterapéutico y con medicación para ayudarlo a recuperarse tanto psíquica como físicamente. Todo esto mientras él concurría al grupo de AA y avanzaba en su nuevo proyecto de vida.

David tiene su fe católica, pero concurre con toda libertad a nuestra iglesia, en la que se siente bien recibido por toda la congregación. Además, como este grupo de autoayuda ha funcionado en dos salas de nuestra iglesia (una para el grupo de AA y otro para el grupo de Alanón) por muchos años, David se siente en la iglesia como si fuera en su propio hogar, ya que concurre tres veces a la semana a las reuniones de AA.

Con David tengo una relación de amistad por todos estos detalles que estoy describiendo. Además, somos vecinos del mismo barrio y cada tanto nos cruzamos y conversamos amigablemente, compartiendo a veces también un café. Esto último fue lo que ocurrió cuando David me hizo una confesión aparentemente intrascendente, pero que despertó una bella historia del

---

[8] Karin Kepler Wondracek, Revista *Compromiso Cristiano* (tema: sanidad interior), Escuela Bíblica Evangélica de Villa María, abril de 1998, p. 32.

alma. Ese día, mientras charlábamos de temas diversos, David sacó un manojo de llaves de su bolsillo y, mostrándomelas me dijo que quería que yo viera un crucifijo sencillo y pequeño que él amaba mucho. Lamentablemente, de tanto llevarlo en el bolsillo, con el roce de las llaves al crucifijo se le habían roto ambos brazos del Jesús crucificado.

–No lo puedo tirar– me dijo mirando su crucifijo con profundo afecto. –No sé, es que me sentiría un miserable si simplemente lo tirara como si fuera algún desperdicio.

–Quizás tenga algún sentido el que se haya roto de ese modo y que, a la vez, sientas que encuentras difícil deshacerte de él– le respondí.

David me miró con un rostro que expresaba sorpresa y a la vez alegría por el hecho de que me solidarizara con él, y se le iluminó la mirada. De pronto entendió que él podría encontrar la razón de ese "accidente" que había sufrido su crucifijo; que esto tendría sentido, un mensaje que tal vez podría descifrar algunas preguntas. Por ejemplo, ¿por qué lo amaba tanto, aún más que antes de que se rompiera, a pesar de que estaba maltrecho y que ya había perdido sus rasgos originales?

En ese momento sentí que podía ver el ser profundo de David. Sabía que me estaba hablando desde su alma. Él tenía la confianza necesaria como para contarme una intimidad, como era la de mantener en su bolsillo un crucifijo que hacía mucho tiempo se había roto, y que no sólo seguía llevándolo con él, sino que también había desarrollado un cariño especial aún en las malas condiciones en que se encontraba. Pero la gran pregunta que él se hacía era: ¿Por qué tengo estos sentimientos hacia este crucifijo? ¿Será que yo también soy, de alguna manera, como fue Jesús cuando estaba crucificado, que tengo partes rotas de mi persona? Estas preguntas provenían desde su alma, a la que

David daba un importante lugar para que estas cosas trascendentes ocurrieran.

En ese momento vino a mi memoria un libro que había leído hacía mucho tiempo pero que recordaba claramente: *Mi Cristo roto*, escrito por el sacerdote Ramón Cué. Le dije a David que trataría de ver si conseguía ese libro para regalárselo. Todo se dio de tal manera que pude adquirirlo rápidamente y entregárselo. David se fue a su casa muy entusiasmado.

El domingo siguiente David llegó a la reunión de la iglesia con su libro bajo el brazo y se sentó a mi lado con el rostro resplandeciente de alegría. Me dijo al oído que ya había leído el libro tres veces y que lo iba a seguir leyendo tantas veces como fuera necesario, pues cada vez que lo hacía encontraba nuevos sentidos a su dilema. Estaba feliz y, a la vez, muy emocionado. Me comentó: "El libro habla de nosotros en el último capítulo". Le dije que leería ese capítulo, y acordamos reunirnos a tomar un café para continuar conversando al día siguiente. También le pedí que escribiera sus notas y comentarios relacionados con sus descubrimientos y conclusiones para compartirlos conmigo.

Ya en mi casa leí el capítulo que David me había sugerido cuando me dijo que "el libro habla de nosotros", refiriéndose al grupo de AA. Decía el autor español Ramón Cué:

No era Yo solo el que estaba en la Cruz.

Ni moría Yo solo. Todos os apretabais en Mí. Y todos moríais Conmigo.

Yo tenía innumerables rostros. Infinitas caras. Sobre mi cara lívida y destrozada; sobre las heridas, los rasguños, el polvo, la hiel, la sangre y los salivazos, se iban proyectando todas vuestras caras.

Nunca, por una pantalla, ha pasado un desfile tan repugnante, tan grosero y pervertido.

Mi padre, que no quitaba los ojos de mi cara, reconocía, sobre ella, todas vuestras caras:

> La del soberbio, con la frente armada, en desafío, de protestas y de rebeldías.
> La del sectario, imaginando la destrucción de Dios y de su Iglesia.
> La del asesino y criminal, fría, calculadora, repulsiva. Caras de cárceles terroríficas, de presidios, de campos de concentración. Caras de prostíbulos. Bocas apestosas de blasfemias. Labios repugnantes con asquerosas babas. Ojeras hundidas, marcadas a fuego de lujuria. Pupilas obnubiladas y viscosas de los drogados. Aliento inaguantable, a vino fermentado, en los borrachos.[9]

Pasaron unos días y luego volvimos a encontrarnos. Él me entregó un escrito con las propias reflexiones de la experiencia espiritual que estaba viviendo. Mientras leía el escrito de David me llamó la atención una de sus frases que, de algún modo, exponía la profundidad de su experiencia personal. Decía:

> Pude entender el mensaje de que los brazos perdidos de Cristo en mi crucifijo estaban cubriendo a todos los que sufren de alcoholismo, y que esos dos brazos que le faltan representan a las dos A de Alcohólicos Anónimos en todo el mundo. Los brazos de Jesús están uniendo a mis hermanos alcohólicos llevando este mensaje a todos los grupos para su recuperación, y sobre todo a nuestro grupo, al cual considero el mejor

---

[9] Ramón Cué, *Mi Cristo roto*, Guadalupe, Buenos Aires, 2013, p. 132.

del mundo. Los brazos de Jesús están alcanzando y uniendo a más adictos. Ahora comprendo por qué se rompieron los brazos de Jesús en mi crucifijo. Gracias mi doctor y amigo por este regalo que me hizo comprender todo el mensaje y la misión por la cual fuimos elegidos.

David estaba radiante: su alma había hallado un nuevo y más profundo significado para su vida.

Oración de la serenidad

Dios, concédeme la serenidad para aceptar
las cosas que no puedo cambiar,
valor para cambiar las cosas que puedo cambiar
y la sabiduría para conocer la diferencia.
Que no se haga mi voluntad, sino la tuya.[10]

Con esta oración de AA y otras, como la de San Francisco titulada "Señor, haz de mí un instrumento de tu paz", David continuó armando su propia liturgia personal y grupal, para alimentar su alma y su espíritu. También su crucifijo roto que le habla de Jesús es otro de sus sostenes que lo apuntalan para poder, entre él, su alma y el grupo al que asiste, reconstruir su vida.

David es actualmente un fiel creyente en Dios. Tuvo una vida complicada en la que perdió su matrimonio y su trabajo, y terminó en la cárcel. Todo esto forma parte de su pasado. Hoy está

---

[10] "La oración de la serenidad", adoptada por Alcohólicos Anónimos, fue compuesta por el teólogo y politólogo protestante Reinhold Niebuhr en 1943 y luego fue incorporada como oración lema en todo el mundo como la oración de comienzo y terminación de cada encuentro de AA, y es repetida por todos los que asistenten al grupo.

recuperado, luchando y renovando la promesa de no beber por el período de 24 horas, acompañado y apuntalado por lo que él llama "el mejor grupo del mundo" (refiriéndose a su grupo de AA).

11

El trabajo, la creatividad y el alma

El increíble poder del dinero sobrevive a cualquier prueba y revés como si una mentalidad mercantil hubiera impregnado tanto la conciencia del mundo que no tuviésemos ya ninguna posibilidad de hacerle frente. Jacques Ellul

El que hurtaba no hurte más, sino trabaje, haciendo con sus manos lo que es bueno para que tenga qué dar al que padece necesidad. Efesios 4:28

La trágica trampa de equivocar el sentido de nuestro trabajo

La raíz de todos los males es el amor al dinero. 1 Timoteo 6:10

Vivimos en un mundo donde en muchos casos, el dinero y la riqueza pasan a ser la principal recompensa del trabajo. No es extraño que nos refiramos al trabajo como "una ocupación". Cuando esto sucede, podemos interpretar que esta manera de mencionarlo es como si inconscientemente dijéramos que el trabajo nos tiene prisioneros. Hemos sido capturados por el trabajo, y luego descubrimos que, tristemente, en vez de ser nosotros los protagonistas del proyecto creativo de nuestro trabajo, nos hemos transformado en siervos de una tarea que no nos pertenece ni a nosotros ni a nuestra alma. Si ese es nuestro caso, aunque nos gusta pensar que nosotros hemos elegido nuestro trabajo y proyecto de vida, es triste descubrir, en lo profundo de nuestro ser, que en realidad hemos sido tomados, capturados por una situación que nos aflige y que nos tiene prisioneros sin darnos una satisfacción que compense nuestro esfuerzo cotidiano y que, en el proceso, estamos perdiendo la oportunidad de ser artífices de nuestro proyecto de vida.

La propaganda pretende aliviarnos diciendo que debemos esforzarnos por acumular dinero ya que, en un futuro "no muy lejano" podremos, como premio, disfrutar haciendo fabulosos viajes a lugares soñados y paradisíacos en los que seremos realmente felices. Además, podremos cambiar el automóvil comprando uno que despertará la admiración y la envidia de nuestros amigos y del barrio en el que vivimos. Sin embargo, es probable que ese viaje soñado nunca llegue pues hemos ido postergándolo para "más adelante", ya sea porque no alcanzamos el monto necesario de dinero para realizarlo (comprobamos que siempre se nos escapa de las manos) o porque cuando llega la oportunidad ya estamos ancianos, desilusionados por haber sido prisioneros de un trabajo que no nos gustaba y una vida mal vivida. Además, estaremos cansados para enfrentar un viaje tan complejo y costoso. El proyecto nos lo impone la propaganda que bombardea a la población y apunta a un nivel superficial y sensual de las personas para seducirlas. Esa propaganda logra que muchos caigan en la trampa y se sientan parte de un sistema que premia con el confort y bienes materiales. Ese objetivo nunca logra hacer felices a las personas, pero el anzuelo utilizado es muy eficaz: la codicia y el individualismo.

Estas condiciones propias de la naturaleza humana son explotadas por la sociedad de consumo. Pensamos que hemos elegido el trabajo que realmente nos llevará al éxito en la vida. ¿Cuál es, entonces, el concepto de éxito que nosotros considerábamos?

En otro nivel de nuestro ser, descubriremos en el silencio de la noche, mientras intentamos dormir, que en realidad el trabajo nos capturó a nosotros y no sabemos cómo librarnos de él, ya que nos tiene atrapados. En lo profundo de nuestro ser nos sentimos prisioneros de una situación que nos agobia, y la mayor de las pérdidas es que ya hemos perdido contacto con nuestra alma y ni siquiera podemos escuchar su voz. ¿Estaríamos dispuestos a cambiar de trabajo? ¿Tendríamos el coraje de elegir esa otra tarea, la que nuestra alma nos mostraba cuando éramos niños y luego jóvenes, y teníamos sueños que queríamos realizar en la vida? ¿Todavía sentimos deseos de servir a la sociedad y al prójimo, ese trabajo que nos hará sentir útiles y valiosos ayudando a otros? Quizás precisamente esa sea la tarea para la cual hemos sido capacitados naturalmente y que nuestra alma siempre quiso mostrarnos. Quizás en el fondo de nuestra alma sabemos que es así, pues es lo que espontáneamente siempre hicimos bien y, además, era lo que nos gustaba hacer. Era tarea que, al llevarla a cabo, nos hacía sentir realizados, satisfechos y orgullosos de nosotros mismos. Nos daba felicidad y nos hacía protagonistas de un proyecto de vida único y original. ¿Hemos olvidado todo eso y lo cambiamos por un trabajo al que fuimos conducidos por dejar de prestar atención a nuestra alma?

Citamos al principio de esta sección el pasaje del apóstol Pablo de 1Timoteo 6:10. Sobre él dice Richard Foster:

> El apóstol Pablo veía lo mismo que Jesús en sus muchas declaraciones y señala acerca del dinero: este es un dios que se propone conseguir nuestra lealtad. Al expresar que el amor al dinero es raíz de todos los

males, Pablo no quiere decir literalmente que el dinero produzca todos los males, sino que no hay ningún tipo de mal que la persona que lo ama no esté dispuesta a hacer. Cualquier cosa para conseguirlo y retenerlo. En eso consiste precisamente su carácter seductor: en que cuando alguien lo ama no se contenta con paños tibios. El individuo está atrapado. Para él, el dinero se convierte en un problema que domina y consume la vida entera. Es un dios que le exige una lealtad exhaustiva.[1]

El trabajo como vocación y convocatoria

Un llamado interior es la sensación de haber venido a este mundo por alguna razón, la sensación de tener un destino... es la sensación o la intuición de que la vida quiere algo de ti. Les da sentido a los actos más insignificantes de la vida y te ayuda a crear una fuerte identidad. Si tienes una misión en la vida no te sientes tan perdido. Sabes quién eres y lo que debes hacer. Thomas Moore

El trabajo es una vocación, un llamado y una convocatoria, y la vocación espera una respuesta. Somos llamados a ser y hacer algo en el mundo, algo para lo cual fuimos creados cuando Dios sopló su aliento de vida, dándonos el alma y con ella Su camino personal, único e irrepetible para cada individuo. El verdadero encuentro para nuestra realización personal se produce cuando la vocación que nos llama encuentra el eco en nosotros respondiendo positivamente, siendo sensibles y audaces al aceptarla, aún cuando ello signifique que debamos enfrentar dificultades y oposición.

---

[1] Richard Foster, *Dinero, Sexo y Poder*, Betania, Puerto Rico, 1989, p. 27.

¿Cuál es la clave para tener éxito en el proyecto de vida en cuanto a encontrar el trabajo que nuestra verdadera vocación espera y anhela que llevemos a cabo? La clave es tener un oído atento a nuestra alma, desde la cual surge el llamado de nuestra vocación. Es el alma la que nos conduce al trabajo en el que seremos felices, creativos y útiles a nuestro entorno en el que realizaremos nuestro proyecto de vida. Seremos felices al hacerlo, pues será lo que Dios y el alma esperan de nosotros. El trabajo, por su parte, nos amará y nos hará sentir realizados, aun cuando debamos pasar dificultades. La recompensa será grande y gratificante, pues seremos personas plenas y realizadas en el trabajo al que hemos sido convocadas.

Debemos entablar un diálogo fecundo y maduro con nuestra alma. No es sencillo, pero vale la pena invertir en ese aspecto de nuestra vida el tiempo y la sensibilidad necesarios para alcanzarlo. Sobre esto dice Thomas Moore:

> Cuando hablo de poner el alma en el trabajo es para que descubras la alegría que produce. No estoy hablando de algo sencillo y fácil de hacer... Esto significa realizar un cambio radical, vivir audazmente con el corazón y crear una sociedad distinta y mejor. Si despiertas tu alma quizá tengas que separarte de la gran masa y atreverte a ser único. El alma es lo más hondo de ti, como la tierra fértil alimentando una flor. Siempre está ahí y siempre lo ha estado. Tu vida surge y florece de ella. La vislumbra en tus emociones más profundas y en tus pensamientos más arraigados. Está oculta en tu pasado y la entrevés en tu vida actual. A medida que se revela te das cuenta de hasta qué punto

eres un ser único, incluso excéntrico y a veces desconcertante.[2]

La visión cristiana del trabajo sostiene que éste es una manera de servir a Dios y al prójimo, y eso será así si sentimos que estamos entregando lo mejor de nosotros para bien de quienes lo reciben. Dios está a nuestro lado y nos ayuda a realizarnos en la vida y a estar orgullosos de hacer aquello a lo que hemos sido llamados. Nuestra alma estará feliz y llenará todo nuestro ser de un gozo profundo al cambiar nuestro enfoque de la vida. Sentiremos que estamos haciendo lo que vinimos a hacer en el mundo lo que Dios quiso que hiciéramos. No hay felicidad mayor que saber que estamos en línea con nuestra alma en cuanto al proyecto en el cual estamos invirtiendo la vida. Nuestra persona está integrada en sí misma y con Dios y con el prójimo. Seremos creativos, idóneos en lo que hacemos. Amaremos nuestro trabajo y el trabajo nos amará a nosotros. ¿Podemos imaginarnos amados por nuestro trabajo? ¿Podemos sentir que nuestra alma está plena y colmada de felicidad por el servicio que prestamos en nuestro trabajo? Alcanzar este objetivo no es un tema menor; de que lo logremos depende nuestra felicidad y realización en la vida. Tendremos un sereno gozo interior al sentirnos útiles al prójimo y estaremos satisfechos y en paz con nuestra alma.

El trabajo, un camino a la realización personal y la santidad

El orden de la creación de Dios es el mismo que el orden de la vida en libertad; o al revés: vivir en libertad es lo mismo que vivir la creación: crear es liberar; liberar es crear. La primera frase (crear es liberar) nos confirma que la vida

---

[2] Thomas Moore, *Un trabajo con alma*, Urano, Barcelona, 2008, p. 62.

humana no puede encontrar su destino en ninguna forma de esclavitud; la segunda (liberar es crear) expresa que para vivir en libertad se necesita permanentemente de un acto creador por parte de Dios. Lambert Schuurman

Cualquier trabajo, por más simple que sea, es un camino al alma cuando está la creatividad, la autenticidad y el placer de realizarlo. Cuando esto ocurre, se transforma también en un acceso a un nivel espiritual superior.

Cuando trabajamos absortos en el mundo de la creatividad del trabajo estamos en contacto con el alma y logrando su cultivo. Dedicamos tiempo y esfuerzo al trabajo, con gusto y satisfacción, pues estamos colaborando con nuestra alma en la construcción de nuestro proyecto de vida, la obra de construcción de nuestra misión en el mundo. Nos sentimos cumpliendo con el mandato para el cual fuimos creados por Dios para llevar a cabo en esta vida. Sentimos una voz interna que proviene de nuestra alma alentándonos a continuar con la tarea, pues estamos en el camino correcto. Nuestra tarea puede ser que nos dé prestigio social o no, puede ser un trabajo sencillo o complejo. Sin embargo, eso no tiene importancia ante el hecho de si estoy haciendo lo que mi alma desea para mí o no. Sea la tarea que sea, lo correcto es que en la intimidad estemos en sintonía con el alma. No es necesario buscar el resplandor del logro ante los demás pues al hacerlo corremos el riesgo de alienarnos de nosotros mismos; y entonces estaremos, sin saberlo, buscando satisfacción en recompensas secundarias como las ganancias materiales o el prestigio. Estos falsos objetivos pueden llevarnos peligrosamente a la pérdida del alma y, en consecuencia, a la pérdida de nuestro auténtico proyecto de vida, el cual estamos construyendo conjuntamente con nuestra alma.

Cuando alguien tiene el coraje de dejar un trabajo "muy beneficioso" desde un punto de vista social y económico por otro que está lleno de creatividad y de acuerdo con el proyecto del alma, no importa que sea criticado con el argumento de que tendrá menos ganancias. Lo importante es que esta persona pueda decir: *"Me gusta este nuevo trabajo por el que opté. Sé que me critican, pero yo voy con gusto a trabajar, me siento en paz conmigo mismo, estoy feliz de levantarme cada mañana para ir a trabajar. El otro trabajo me daba más dinero, pero no me gustaba."*

Es posible que frente a determinadas circunstancias de la vida nos veamos obligados a tomar un determinado trabajo por razones personales o familiares. En ese caso, la actitud de una persona sana, creativa y con una buena comunicación con su alma será la de buscar qué aspecto de ese trabajo está de acuerdo con su alma, y tratar de encontrar un espacio para que su alma se desarrolle y crezca con la ayuda de Dios. Aún en los lugares más horrorosos el hombre lleno de alma puede encontrar su lugar de creatividad y de elevación espiritual hacia el encuentro con Dios y con sus seres queridos.

No podemos medir el éxito de un trabajo por la ganancia que produce, ya que el alma se nutre tanto de la pobreza como de la riqueza. Por otra parte, el dinero en sí mismo no tiene ningún valor si la persona está escindida de su alma. ¿Para qué sirve el dinero si no sabemos qué hacer con él? Nada nos satisfará si no estamos en paz y en comunicación con nuestra alma. En este caso se hace honor al sabio dicho popular: "No importa para qué dirección soplen los vientos si no sabemos hacia qué destino navegamos". La verdadera creatividad es estar en sintonía y alineados con nuestra alma.

Hallar nuestra vocación buscando sus fuentes en nuestra alma

Atender a la propia alma es la condición previa para una labor de dirección que recompense a las personas no sólo con emolumentos financieros, sino también con gratificaciones para sus almas. Anselm Grün

Un aspecto negativo que debemos resolver para que nuestra vida sea fecunda es enfrentar las heridas espirituales de nuestra alma en el pasado y, yendo más atrás, en la etapa de nuestra infancia. El objetivo es que, al tener el coraje de enfrentar nuestras heridas, se nos despeje la visión interior de manera que podamos acceder a un recuerdo objetivo de nuestra infancia. Podremos dejar de reprimirla, pues no podemos resolver y enfrentar las heridas, y esto no permitirá alcanzar una visión feliz, objetiva y espontánea de nuestra infancia. Debemos despejar el camino hacia una observación lo más clara y objetiva posible sobre lo que realmente nos producía alegría en esa época. De esa manera podremos descubrir qué cosas nos gustaban hacer, hacia dónde apuntaba nuestro interés en la vida. Allí podremos encontrar el camino hacia nuestra verdadera vocación, pues en la infancia nuestra alma se manifiesta de una manera natural y genuina, indicándonos qué es lo que nos gusta realmente y nos entusiasma como tarea para la vida. Como adultos, las múltiples ocupaciones llegan a confundirnos y podemos olvidarnos con qué actividades nos gustaba jugar y hacia dónde apuntaba nuestro interés. Si estamos en esa búsqueda sería bueno recurrir a nuestros familiares mayores. Si nuestros padres están vivos todavía, podemos conversar con ellos y preguntarles detalles sobre qué juegos nos gustaban cuando éramos niños y cuáles eran nuestros intereses.

Recuerdo que de niño ya me interesaban mucho los animales, inclusive los insectos. A veces recogía insectos y pequeños animales (como sapos y grillos) y los llevaba a la cama de mis padres y, más de una vez, al llegar la noche, mis padres descubrían algún escarabajo o langosta "descansando" aún en su cama matrimonial adonde yo llevaba mis animalitos. Un tío, en realidad un poco mayor que mis hermanos y yo, armó un equipo de amigos, cada cual con un sobrenombre. Recuerdo que el sobrenombre que mi tío se adjudicó, indicando su autoridad y ascendencia sobre el grupo, era "capitán puma"; en cambio el mío era "besabichos".

Muchas veces recordamos esa historia con humor y alegría. Seguramente tenía una faceta reveladora: en ella estaban guardadas las claves de mi vocación, en la cual mi alma me orientó en mi vida para ocuparme del cuidado de otras personas y también de otros seres vivos más pequeños e indefensos como perros, gatos o pajaritos en necesidad. En ese sentido, mi elección por la medicina y la tarea pastoral sería una confirmación de mis juegos infantiles.

En línea con lo que venimos planteando, Anselm Grün dice, que

> podemos recurrir a nuestros recursos positivos, a las fuentes de las cuales pudo beber nuestra alma desde la niñez, y los sueños en los que se manifestaba la figura de nuestro propio ser. Si tomamos contacto con nuestra esencia tal como Dios la ha pensado para nosotros, entonces floreceremos, fluirá en nosotros nueva energía y percibiremos que la vida vale la pena, que sentimos placer en esta vida única. Pero debemos ser capaces de observar las heridas espirituales que

hemos padecido en nuestra infancia. La represión y la negación no ayudan: quien no observa sus heridas, será determinado por ellas. Ellas falsean su sendero de vida.[3]

Sólo si tenemos la valentía interior de enfrentar las heridas de nuestra sombra y reconciliarnos con ellas mediante el perdón y la reconciliación podremos hallar el sendero de la vida. Si lo hacemos, entonces nuestra alma quedará libre de obstáculos o, cuando la visitemos o ella busque el encuentro íntimo, recibiremos su mensaje claro y diáfano para guiarnos por el verdadero camino preparado por Dios para nuestra vida.

El trabajo como un servicio y una oportunidad de adoración a Dios

Cito un cuento jasídico intitulado "El socio del posadero":

En el curso de un viaje, debí hacer un alto en la posada de un pueblo, donde advertí que el posadero guardaba el dinero que recibía en dos cajas distintas, en la que dividía por partes iguales cuánto recibía. Hice caso a mi curiosidad, y tras darme a conocer, le pregunté a qué se debía su extraño comportamiento. Entonces él me contó la siguiente historia: "Hace unos años perdí todos mis bienes en un negocio catastrófico, que estaba a punto de hacerme perder incluso la posada. Viajé a la ciudad en busca de algún socio, y mientras cruzaba el bosque, me acosó de pronto la temeraria idea de pedirle a Dios que se asociara conmigo a cambio de mi promesa de dedicar su mitad a la caridad. Así le rogaba al Señor cuando, mirando el piso, descubrí dinero.

---

[3] Anselm Grün, *Sanación del alma*, Bonun, Buenos Aires, 2005, p. 10.

Considerando naturalmente que había aceptado mi proposición, cumplo desde entonces fielmente con mi palabra. Y al mismo tiempo prospero".[4]

Este bello cuento tiene importantes enseñanzas que impartir. La primera es que podemos buscar a Dios como nuestro socio en el trabajo. Podemos compartir las ganancias según lo dispongamos, de acuerdo con lo que establezcamos con Él. Tendremos un excelente socio que hará que nuestro trabajo prospere. Tendremos un socio justo que estará a nuestro lado ayudándonos a realizar nuestro trabajo bien y con alegría. Serviremos a nuestros semejantes con alegría y con buena disposición pues, si tenemos un socio tan bondadoso, no podríamos dejar de ser atentos con nuestros clientes y hacer quedar mal a nuestro socio especial.

Tener a Dios como socio en nuestro trabajo

Quizá la principal enseñanza de este cuento es que busquemos a Dios como socio de nuestro trabajo. Eso cambiará toda la mirada que tengamos de nuestra tarea y de nuestra visión en la vida. En la carta a los Efesios, el apóstol Pablo recomienda a los creyentes:"El que robaba, que no robe más, sino que trabaje honradamente con las manos para tener qué compartir con los necesitados." (Efesios 4:28, NVI). En este corto versículo vemos mucha enseñanza. El apóstol Pablo estaba escribiéndoles a los creyentes, algunos de los cuales tal vez han sido ladrones antes de su conversión a Cristo. Su filosofía era "lo tuyo puede ser mío". Pero ahora ha cambiado su visión de la vida, y entonces tienen una nueva mirada que implica una *metanoia*, una transformación del ser interior que el Espíritu Santo quiere reproducir en nosotros:

---

[4] *Los mejores cuentos Jasídicos*, Baal Shem Tov, Longseller, Buenos Aires, 2004, pp. 119-120.

a) Dejar de robar, dejar de planear la maldad en contra de nuestro prójimo.

b) Comenzar a trabajar. El trabajo es bueno: nos hace bien y nos permite realizarnos en nuestro proyecto de vida; nos da la alegría de comer el pan de cada día.

c) Hacerlo honradamente, según la nueva conciencia que nos da la presencia del Espíritu Santo en nuestra vida.

d) Hacer lo bueno con las manos: no sólo no hacer daño robando, sino hacer lo bueno que antes no hacíamos por no haber descubierto nuestras capacidades manuales, intelectuales o artísticas, cuyo descubrimiento seguramente resultará maravilloso porque serán cualidades propias y únicas nuestras, y nos dará dignidad e identidad.

e) Ganar el dinero por medio del trabajo. No se trata de ganancia en cantidad, sino en calidad, como producto del esfuerzo personal, con la satisfacción de haber ganando dinero honestamente. Esto nos traerá alegría, paz interior y satisfacción personal.

f) Contar con dinero ganado honestamente, no sólo para cubrir las necesidades personales sino también para desarrollar proyecto familiares.

g) Ayudar al que necesita, es decir, para que apoyemos económicamente a los necesitados en general y a los hermanos en la fe en particular.

El ejemplo de la actitud del hermano Lorenzo hacia el trabajo

Lorenzo nació con el nombre de Nicolás Herman (1605-1691) en una familia de campesinos pobres. De joven se alistó en el ejército para escaparse de la abrumadora penuria en que vivían sus padres. En una de las batallas sufrió una herida severa y, aunque logró recuperarse, se vio obligado a abandonar la vida de soldado. Nunca se recuperó de aquellas lesiones, por lo que rengueaba cuando caminaba. En la vejez estas lesiones le ocasionaron mucho dolor. Trabajó por un tiempo como sirviente, pero lo frustraba su enorme torpeza.

La experiencia de contemplar un árbol deshojado y sin vida, en pleno invierno, lo transformó para siempre. Percibió que esa condición cambiaría con la llegada de la primavera, momento en que la vida volvería a manifestarse en las ramas del árbol. Entendió que él era como ese árbol, y que podría experimentar un renacer intenso si permitía que Cristo manifestara en su interior la vida que promete a aquellos que creen en su nombre.

El hermano Lorenzo fue un creyente muy humilde y sencillo, pero encontró en el trabajo el lugar ideal para adorar a Dios. Se acercó a un monasterio de la Orden de los Carmelitas Descalzos en el corazón de París y fue aceptado. Sin embargo, pronto sus superiores se dieron cuenta de que era muy torpe y con poca capacidad de estudio. Por lo tanto, lo enviaron a la cocina a pelar papas, cocinar y, en otros momentos, a arreglar sandalias en la zapatería.

Aunque pasó la mayor parte de su vida trabajando en una cocina, no le gustaba ese oficio. Consideraba las disciplinas del monasterio como un estorbo para cumplir su deseo de llevar una vida de mayor devoción y entrega a Dios. Creía que el secreto de una vida de intimidad con Dios no era buscarlo, sino reconocer Su presencia en el lugar donde uno se encuentre, sea en la iglesia, la calle, la cocina o el patio. En medio del bullicio, las órdenes de sus superiores, y el tedioso trabajo de pelar papas y lavar ollas, Lorenzo descubrió que podía vivir una intensa relación de amor con el Señor. "Los hombres inventan muchos caminos y sistemas para conectarse con Dios –observaba–, los cuales terminan trayendo innecesarias complicaciones a la vida. Resulta mucho más sencillo si cumplimos las tareas de nuestro quehacer cotidiano enteramente por amor a él".

Las responsabilidades de cada día, por más mundanas que fueran, representaban para Lorenzo el medio ideal para experimentar el amor de Dios. El asunto por resolver no era lo sagrado o lo mundano de la tarea, sino la motivación con la que uno desempeña esas tareas. De ese modo, advertía:

> No es necesario que se nos asignen grandes o importantes responsabilidades. Podemos también llevar adelante pequeñas tareas para el Señor. Puedo voltear la torta en la sartén y hacerlo por amor a Dios. Si no aparece otra tarea que deba completar, me postro, allí en la cocina, y lo adoro a él. Luego me levanto con más alegría que nunca. Si barro el piso, lo hago para él; por eso, esa tarea que llevo a cabo me llena el corazón.

El hermano Lorenzo había descubierto que, en medio del bullicio de la cocina, conseguía retirarse a un lugar quieto y solitario en su corazón, un espacio sagrado en el que disfrutaba de la más íntima y bella comunión con Dios. "Intento –señalaba– entrar a su presencia cuantas veces pueda, para adorarlo, para contemplar la hermosura de su rostro". Aunque muchas veces lidiaba con dificultades para lograr esa quietud interior, comprendió que esta lucha era parte de la experiencia que Dios había reservado para él y aprendió a amar el proceso de buscar el rostro de su Señor.

El libro del hermano Lorenzo, intitulado *La práctica de la presencia de Dios*, es uno de los más leídos en la historia de la iglesia. En realidad este libro no fue escrito como tal. La historia dice que el cardenal Beaufort, quien se sintió seducido por el espíritu de reposado gozo que percibía en la vida de aquel hombre sencillo, solicitó tener una serie de encuentros con él. El hermano Lorenzo le concedió cuatro entrevistas, bajo la condición de que no compartiera con otros el contenido de las pláticas. Solamente después de su muerte se publicó esa pequeña obra que en corto tiempo se convirtió en un libro de referencia para muchos que buscan una relación más profunda con Dios.

El hermano Lorenzo nunca recurrió a la guía de un mentor espiritual: creía que el mejor remedio para el pecado y las fragilidades de la vida era acercarse a Dios con sencilla devoción, convencido de que el Señor era suficiente para corregir incluso sus peores hábitos. Mediante su sencilla devoción en medio de las actividades más mundanas demostró que hasta las personas de la más modesta condición conseguían disfrutar la vida en Cristo.

A los ochenta y seis años de edad partió para estar con su Señor. Pocas veces había salido del entorno del monasterio en el que transcurrió gran parte de su vida. Sin embargo, el legado que dejó se convirtió en uno de los clásicos de la literatura cristiana. Aunque contiene escasas treinta y tres páginas, ha sido reproducido en más idiomas y más formatos que cualquier otro libro aparte de la Biblia. El testimonio de un humilde y pobre cocinero de un monasterio sigue siendo hasta el día de hoy una de las más preciosas perlas en la historia del pueblo de Dios.

La práctica de la presencia de Dios del hermano Lorenzo

Frases del libro

Trabajo

El hermano Lorenzo, del mismo modo cumplía con sus quehaceres en la cocina, hacia lo cual tenía una gran aversión, habiéndose acostumbrado a hacer todo por amor a Dios, con oración, y en cualquier ocasión. Durante los quince años que estuvo empleado allí, por la gracia de Dios hizo bien su trabajo, y encontró que todo había sido fácil.[5]

Cuando terminaba con sus tareas, se examinaba a sí mismo para ver en qué forma había cumplido con su deber. Si lo encontraba bien, le daba gracias a Dios, y si no lo había hecho bien, le pedía perdón. Sin desanimarse, ordenaba su mente otra vez, y continuaba con su ejercicio de la presencia de Dios, como si nunca se hubiera desviado de esa práctica.[6]

Nunca estaba apresurado y tampoco se rezagaba, sino que hacía todas las cosas a su debido tiempo, incluso con una continua calma y tranquilidad de espíritu. Decía: el tiempo de trabajo no hace en mí una diferencia con el tiempo de la oración. Y en el ruido y en el desorden de mi cocina, mientras varias personas están pidiéndome al mismo tiempo cosas diferentes, tengo una gran tranquilidad en Dios, como si estuviera de rodillas en el momento de oración.[7]

En cada hora, en cada minuto, incluso en mis momentos de mayor trabajo, yo ahuyentaba de mi mente todo aquello que era capaz de interrumpir mi pensamiento en Dios.[8]

No tengo ningún dolor ni ninguna dificultad en cuanto a mi estado, porque no hago mi voluntad sino la voluntad de Dios. La cual me esfuerzo en cumplir en todas las cosas, y a la que estoy tan resignando que no levantaría ni una paja

---

[5] *La práctica de la presencia de Dios*, Editorial Peniel, Buenos Aires, 1960, p. 16.
[6] *Ibid.* p. 32.
[7] *Ibid.* p. 33.
[8] *Ibid.* p. 37.

del suelo sin la orden de Él, ni por ningún otro motivo sino puramente por el amor hacia Él.[9]

Hay momentos cuando me dedico a la oración, en que siento que mi espíritu y mi alma se levantan por sí mismos, sin que yo haga esfuerzo alguno. Y continúan como si estuvieran suspendidos y fijados firmemente en Dios, como en su centro y lugar de descanso.[10]

Alma y devoción

Debemos alimentar y nutrir nuestras alma con el conocimiento de Dios, esto producirá en nosotros un gran gozo y devoción.[11]

Debemos entregarnos a Dios, tanto en las cosas temporales como en las espirituales. Y buscar nuestra satisfacción sólo en el cumplimiento de su voluntad. Ya sea que nos lleve por el sufrimiento o por la consolación. Todos deberían llegar a ser almas verdaderamente entregadas.[12]

A veces me considero como una piedra delante de un escultor, con la cual está por hacer una estatua: así, presentándome a mí mismo delante de Dios, deseo que Él esculpa su perfecta imagen en mi alma, y me transforme por completo a su imagen.[13]

---

[9] *Ibid. p. 42.*
[10] *Ibid. p. 45.*
[11] *Ibid. p. 10.*
[12] *Ibid., p. 11.*
[13] *Ibid.*

Si la barca de nuestra alma todavía está siendo sacudida por los vientos y las tormentas, despertemos al Señor que reposa en ella, y rápidamente calmará el mar.[14]

Muchas veces Dios permite las enfermedades del cuerpo para curar las enfermedades del alma. Aliéntate con el Médico Soberano, que es médico tanto del alma como del cuerpo.[15]

Debemos hacer de nuestro corazón un templo espiritual, en donde adorarle sin cesar. Cuando nuestras mentes estén enfocadas en Dios, el sufrimiento llegará a estar lleno de unción y de consolación.[16]

Principios dignos de imitación en nuestro trabajo acompañados de Dios.

La revista *Apuntes Pastorales* (Volumen XXIX – Número 6, edición de julio-agosto de 2012), publicó una serie interesante de frases sobre el sentido del trabajo visto bajo la perspectiva de la vida del Hermano Lorenzo y su relación entre el trabajo y la experiencia espiritual. Plantea los siguientes puntos a considerar:

- No es el oficio lo que define nuestro impacto sobre los demás, sino la intensidad de nuestra devoción por Dios.

- Podemos ejercer una gran influencia sobre muchos, aun sin movernos del lugar más humilde donde servimos. El Señor se encarga de "mostrar en público" lo que nosotros hemos "sembrado en secreto".

---

[14] *Ibid., p. 54.*
[15] *Ibid., p. 81.*
[16] *Ibid., p. 90.*

- La práctica de gozar la presencia de Dios no conoce horarios, ni fechas, ni lugares, porque se funda en una relación de amor. Además, dos personas enamoradas no admiten restricciones sobre la relación que viven.

- Como seres humanos poseemos una fuerte tendencia a complicar lo sencillo. En ocasiones, sin embargo, necesitaremos recuperar la sencillez de los niños si queremos vivir todo lo que Dios ha reservado para nosotros.

¿Un cambio de valores?

PARÁBOLA DE LOS OBREROS DE LA VIÑA

Así mismo el reino de los cielos se parece a un propietario que salió de madrugada a contratar obreros para su viñedo. Acordó darles la paga de un día de trabajo y los envió a su viñedo. Cerca de las nueve de la mañana, salió y vio a otros que estaban desocupados en la plaza. Les dijo: "Vayan también ustedes a trabajar en mi viñedo, y les pagaré lo que sea justo." Así que fueron. Salió de nuevo a eso del mediodía y a la media tarde, e hizo lo mismo. Alrededor de las cinco de la tarde, salió y encontró a otros más que estaban sin trabajo. Les preguntó: "¿Por qué han estado aquí desocupados todo el día?" "Porque nadie nos ha contratado", contestaron. Él les dijo: "Vayan también ustedes a trabajar en mi viñedo."

Al atardecer, el dueño del viñedo le ordenó a su capataz: "Llama a los obreros y págales su jornal, comenzando por los últimos contratados hasta llegar a los primeros." Se presentaron los obreros que habían sido contratados cerca de las cinco de la tarde, y cada uno recibió la paga de un día. Por eso cuando llegaron los que fueron contratados primero, esperaban que recibirían más. Pero cada uno de ellos recibió también la paga de un día. Al recibirla, comenzaron a murmurar contra el propietario: "Estos que fueron los últimos en ser contratados trabajaron una sola hora –dijeron–, y usted los ha tratado como a nosotros que hemos soportado el peso del trabajo y el calor del día." Pero él le contestó a uno de ellos: "Amigo, no estoy cometiendo ninguna injusticia contigo. ¿Acaso no aceptaste trabajar por esa paga? Tómala y vete. Quiero darle al último obrero contratado lo mismo que te di a ti. ¿Es que no tengo derecho a hacer lo que quiera con mi dinero? ¿O te da envidia de que yo sea generoso?"

Así que los últimos serán primeros, y los primeros, últimos. Mateo 20:1-16 (NVI)

La reflexión que hacemos sobre esta parábola de Jesús es que ilustra la gracia y la soberanía de Dios, pues Él llama a su viña a quien quiere, en el tiempo que quiere y como quiere. Además, está disponible hoy en este tiempo para todos las personas, pues la Escritura dice: *"¡Oh profundidad de las riquezas de la sabiduría y de la ciencia de Dios! ¡Cuán insondables son sus juicios, e inescrutables sus caminos! Porque ¿quién entendió la mente del Señor? ¿O quién fue su consejero?* (Romanos 8:34-35).

Dios llama a "los desocupados". Este término cobra sentido cuando estamos de acuerdo con el pensamiento del mundo presente, alejados del conocimiento de Dios, viviendo para nosotros mismos, ocupados en una vida regida por los valores de la cultura que nos rodea, y sin considerar los valores del Reino de Dios. Pero también hay la tendencia a darle otra interpretación válida: hay quienes se preguntan si Jesús no estaría planteando una nueva manera de entender y abordar el trabajo, que considera una visión integral del ser humano, con participación del área espiritual en nuestro trabajo, y en el cual, además de nuestro cuerpo, también participa nuestra alma. Si nuestra visión es que no trabajamos sólo para ganar un salario por las horas que trabajamos, y que no tenemos las mismas metas que las personas que nos rodean, entonces esta parábola nos da un importante mensaje sobre otras razones para trabajar, como una tarea que va más allá de la lógica que convierte nuestro trabajo en una mercancía.

En su libro *Un trabajo con alma* Thomas Moore dice:

> Si un ser humano está dotado de un cuerpo, un alma y un espíritu, en ese caso todos tenemos necesidades espirituales, físicas y emocionales. La espiritualidad afecta nuestro trabajo en tres áreas fundamentales: hace que elijamos un trabajo que le dé sentido a nuestra vida, nos incita a trabajar en un empleo ético realizado en un contexto ético, y nos inspira a que sea una actividad que contribuya al progreso de la sociedad.[17]

Los tres aspectos que se presentan aquí son valores que tomaremos en serio siempre que consideremos que somos personas integradas y maduras, con una visión novedosa que va más allá del trabajo realizado sólo por la recompensa económica. Lo que plantean es la necesidad de realizar un trabajo que dé sentido de propósito a nuestra existencia, que se ejecute éticamente y, finalmente, que se haga para el progreso y el bienestar de la sociedad. Si tenemos estos valores como pilares para escoger y realizar nuestro trabajo, entonces la parábola de Jesús está en consonancia con los principios que Él planteó hace muchos años con gran sabiduría y especial revelación de su Padre.

Thomas Moore agrega un comentario a sus planteos sobre un cambio de valores para vivir con más profundidad nuestro trabajo:

---

[17] Thomas Moore, *op. cit.* 215.

Quizás algunas personas decidan ganar menos y dedicarse a un trabajo que se adapte más a su nueva visión de la vida y a los valores que consideran importantes. Tal vez lleguen a la conclusión de que trabajar para una compañía que corrompe los valores les perjudica y que en el fondo es inmoral. O a lo mejor su trabajo actual es demasiado pragmático y no llena sus necesidades de hacer algo en el mundo que valga la pena.[18]

Ora et Labora: la importancia de la alternancia entre el trabajo y la adoración

> *La ociosidad es enemiga del alma. Los hermanos deberían participar en unos momentos concretos en el trabajo manual y en otros momentos concretos en la lectura de la palabra de Dios.* Regla de San Benito, siglo VI

La frase *Ora et labora* es de origen reciente (siglo XIX). Sin embargo, proviene del concepto que San Benito estableció en su Regla para ordenar la vida de los monjes benedictinos a principios del siglo VI. La frase como tal no se encuentra propiamente en la Regla de San Benito, pero encontramos su esencia en la cita que encabeza este apartado, aunque en otras palabras.

Ora et Labora aparece como tal en la *Lectio Divina* (estudio meditativo de las Sagradas Escrituras). La frase expresa la importancia de combinar la alabanza a Dios con el trabajo manual diario. Hoy podemos ampliar el sentido del concepto y afirmar que no sólo se aplica al trabajo manual sino a cualquier trabajo realizado con dependencia de la guía de Dios, en el cual se pueden hacer interrupciones de contenido espiritual que enriquezcan el

---

[18] *Ibíd.*, p 217.

trabajo y den a la oración un mayor arraigo en la vida y sus demandas. Nos referimos a trabajos diversos: tareas intelectuales, como la investigación o la docencia; tareas de servicio, como el asistencial o el médico; tareas esforzadas como la de construcción o la rural, o tareas domésticas como las de una ama de casa en su hogar para el bienestar de la familia, o las de una madre que amamanta y cuida con ternura a su pequeño hijo.

Lo que realmente importa en esta dinámica es tomar momentos de descanso y meditación en la palabra de Dios, en oración, en testimonio de nuestra fe a los compañeros de trabajo, o simplemente en silencio delante de Dios. Lo que debemos saber es que el trabajo continuo, sin una reflexión profunda y sin elevar la mirada a Dios, nos aliena y nos conduce a una actividad vaciada de sentido y a un automatismo deshumanizante. Lo mismo podemos decir de otra manera de encarar el trabajo que no es beneficiosa: la de dedicarnos a un retiro espiritual continuo que nos aleja de las demandas de la vida y del contacto con nuestro prójimo.

Ora et labora: el gran secreto de esta pequeña frase es que nos abre una enorme ventana de luz que ilumina un enfoque del trabajo y la oración que, cuando se realizan de manera combinada, potencia y llena de sentido a los dos: el trabajo le da sentido a la oración y la oración resignifica el trabajo. ¿No es esta una relación maravillosa? Estoy convencido de que lo es a tal punto que se transforma en un verdadero milagro que ilumina la vida y nos llena de entusiasmo. El alma goza y está plena, pues abarca las áreas más significativas de su naturaleza: la espiritualidad y la vida.

Dios creó el día de descanso precisamente para que el ser humano comprenda y practique el trabajo y la oración de esta manera y con esta alternancia. Que haya un espacio para desarrollar el trabajo, pero que éste cobre su sentido con el tiempo de reposo y de recogimiento interior. Entonces la vida humana se enriquece con una mirada que trasciende lo inmediato y lo cotidiano del trabajo, y éste da un nuevo sentido a la vida mediante su vínculo e inspiración provenientes del tiempo de encuentro con Dios.

Lambert Schuurman, en un capítulo titulado "El reposo de Dios se comunica a toda la creación", expresa bellamente este concepto:

> El reposo de Dios indica y manifiesta este "sí" muy espontáneo a la vida y a la existencia de las cosas. Nos ayuda a comprender la realidad. Nos ayuda a entender que la mirada poética (la contemplación) tiene más valor que la mirada calculadora. El árbol en mi calle no es en primer lugar una cantidad potencial de madera con la que puedo hacer un buen negocio; este árbol, en primer lugar, es un ser cuya presencia me llena de respeto. Para apreciar esto, debo aprender que el contemplar es más importante que el "negocio" (*nec-octium*, en latín: la ausencia del ocio. Es muy significativo este juego de palabras)". El *shabbat*, y no el hombre, es la corona, la culminación de la creación.[19]

Una experiencia personal: un árbol que al acariciarme me sanaba

> *Será por esa potencia de ser vivo que ancla en lo profundo; el árbol vive en la superficie y aspira al cielo.* Diana Fernández Irusta[20]

---

[19] Adriana Powell y otros, *Todo tiene su tiempo*, Certeza, Buenos Aires, 1993, p. 128.
[20] Diario *La Nación*, 23/12/2014

Porque después de todo he comprendido
que lo que el árbol tiene de florido
vive de lo que tiene sepultado.
　　　　　　　Francisco Luis Bernardez (Soneto)[21]

Comparto una lección de vida que pude experimentar no hace mucho tiempo. Mi humilde aporte a esta historia fue escuchar y atender las indicaciones de mi alma. Ella y un bello y humilde árbol, unidos amorosamente, hicieron el resto.

Cierta vez salía del hospital luego de un día de grandes demandas laborales. Estaba cansado y deseaba llegar pronto a casa. En ese momento sucedió algo que se transformó en una experiencia inolvidable. Los árboles del jardín del frente del hospital (se trataba de elegantes y frondosos ficus), estaban sin podar suficientemente y se extendían en parte hacia la vereda. De pronto vi una rama que caía sobre mi cabeza y, lejos de intentar esquivarla, sentí que mi alma me decía: "deja que la rama te acaricie la cabeza y los cabellos". Por un momento dudé, con cierto pudor y temor de hacer algo ridículo. Estuve tentado a torcer el rumbo para evitar que la rama tocara mi cabeza, pero me sobrepuse a este pensamiento negativo e hice lo que mi alma me pedía. Pasé por debajo de la rama y sus hojas acariciaron suavemente mis cabellos. En ese mismo instante sentí una satisfacción y un placer inesperados, y también comprobé que mi opresión y cansancio habían desaparecido. Mi mente se despejó y sentí una renovación de mis fuerzas. El contacto de las hojas tocando mi cabello me hizo recordar las caricias que mi madre me brindaba cuando era niño. En ese contacto también sentí las caricias en el pelo por parte de mi esposa cuando, acompañando con ese gesto, me decía algunas palabras de cariño.

---

[21] Bernardez, poeta argentino *(1900-1978)*.

Al día siguiente, al llegar al hospital, antes de entrar me aseguré de pasar por debajo de la rama del árbol que me había acariciado el día anterior y noté, para mi grata sorpresa, que todo el resto de sueño y modorra de la mañana se me borraron al contacto con las hojas del árbol. De modo que me predispuse mejor para comenzar mi trabajo diario con las fuerzas y el ánimo renovados.

Decidí que desde ese día en adelante, tanto al entrar como al salir del hospital, pasaría por debajo del árbol y dejaría que sus hojas me tocaran la cabeza para acariciarme y sanarme. Lo llevé a la práctica y, ¿cuál fue mi sorpresa? Que cada vez que lo hacía sucedía el mismo efecto beneficioso para mi cuerpo y para mi alma, quitándome las humanas preocupaciones y reemplazándolas por alegría y nuevas fuerzas. Al entrar al hospital me preparaba para la tarea, y cuando salía me quitaba el cansancio del trabajo. Otro efecto positivo fue que mi relación con el árbol creó una nueva relación de amistad y amor con la naturaleza que me rodeaba y con todo el universo que se extendía más allá de donde alcanza mi mirada.

Mi alma me había dado un dato clave que quizás yo podría haber interpretado como algo tonto o naive pero, por haber tenido la sensibilidad y el buen tino de escuchar a mi alma, y el coraje de romper con códigos culturales, fui premiado y pude experimentar un lugar en el mundo desde una perspectiva distinta y sorprendente, todo esto acompañado de un genuino gozo. Pude experimentar el ser amado como un niño en brazos de su madre y también como un siervo del Creador del cielo y de la tierra. Sentí que había recibido un delicado y maravilloso poder que llegó desde mi alma.

Luego de más de un año de pasar diariamente por debajo del árbol y dejarme acariciar por sus ramas, el último día que concurrí al hospital por haber llegado el momento de mi retiro, comprobé que habían podado los árboles y que la rama que me acariciaba ya no estaba. El árbol había cumplido su misión de ser mi consolador y me acompañó fielmente hasta el fin de mi ciclo de trabajo en esa institución ¡Qué gratitud sentí por mi alma y por ese árbol tan generosos y por los dones que ellos me brindaron!

Mi alma fue fortalecida durante todo el tiempo en que el árbol cumplió su tarea de amor y sanidad conmigo. Recordé la cita del libro de Apocalipsis: "En medio de la calle de la ciudad, y a uno y al otro lado del río, estaba el árbol de vida, que produce doce frutos, dando cada mes su fruto; y las hojas del árbol eran para la sanidad de las naciones." (Ap. 22:2).

www.ingramcontent.com/pod-product-compliance
Lightning Source LLC
LaVergne TN
LVHW010159070526
838199LV00062B/4419